新思維・新體驗・新視野

PUBLICATION

新喜悅・新智慧・新生活

連戰

當我們站在一起

王泯越◎著

2004年準總統候選人—連戰
一路走來，在政治這不歸路上
本著祥和、安定，「平常心」的政治理想，
用他宏觀的思考模式，政治學博士的專業視野，
引領台灣千千萬萬子民探索有深度、富內涵的～
他的人生哲學及治國理念

現代人生系列

連戰 當我們站在一起

作　　者：王泯越
出 版 者：生智文化事業有限公司
發 行 人：宋宏智
總 編 輯：賴筱彌
企　　劃：陳裕升・汪君瑜
責任編輯：林淑雯
文字編輯：王雅慧
美術編輯：陳巧玲
封面設計：陳巧玲
印　　務：黃志賢
登 記 證：局版北市業字第677號
地　　址：台北市新生南路三段88號5樓之6
電　　話：(02)23660309　　傳　真：(02)23660310
服務信箱：service@ycrc.com.tw
網　　址：http://www.ycrc.com.tw
郵撥帳號：19735365　　戶　名：葉忠賢
印　　刷：鼎易印刷事業股份有限公司
法律顧問：北辰著作權事務所　蕭雄淋律師
初版一刷：2004年3月　　定　價：新台幣 250 元
ＩＳＢＮ：957-818-606-1

總 經 銷：揚智文化事業股份有限公司
地　　址：台北市新生南路三段88號5樓之6
電　　話：(02)23660309
傳　　真：(02)23660310

連戰：當我們站在一起／王泯越著.
初版.--台北市：生智, 2004〔民93〕
面：　公分.--（現代人生系列;D3201）
ISBN 957-818-606-1（平裝）
1. 政治－臺灣－論文，講詞等
573.07　　93001706

父親賜予的許多觀念，
至今成爲我自己課子的條目，
例如：任何事不可心存投機，務必腳踏實地，
待人要光明磊落，務必問心無愧，永遠不要自欺欺人，
必須對得起國家民族……父親給了我太多人生的指引，
他的言教與身教雙重促成了我今日潛藏的個性，
了解我的朋友認爲太方正、太耿介、太執著，
不太像我通常表現出的開通與明朗，
其實，這正是我承襲了連氏一門的具體表現，
這不是妄封我以「四公子」稱號的人們所能想像，
所謂的「世家子」，擁有的極可能是
沉重的傳承使命與不可不成材的自我惕勵，
滋味相當壯烈。
……連戰

目錄
CONTENTS

❹ 宏觀思考 85

❺ 國親合作 105

目錄
CONTENTS

目錄

CONTENTS

政治理想

投考大學時我曾面臨前途的抉擇，那時還沒有聯招制度，我所揀選的三個志願都錄取了：台大政治系、台南工學院（今成功大學）土木系、師範學院史地系。何所定奪呢？留在台北陪侍雙親是獨子應盡的義務，所以返回台南老家就讀的心意因此打消，而政治學中的智慧自認較純學術的史地更適合我活潑的個性，由是，走上這條科班的政治「不歸路」。

大學應是一個人定型、定性的關鍵時刻，我開始逐漸成熟而懂得收斂起玩性，埋首鑽研真知。父親點滴的灌輸祖父雅堂先生家訓：公、忠、愛鄉愛國之思，以及祖父手著《台灣通史》這部具有保存台灣家鄉史實的珍貴書冊，帶給我連氏一脈兩代單傳的無比使命之感。父親終其一生，不曾對任何人有過聲色之厲或背後之私，他的道德涵養與學問修養融會在家人間的正是深切的關懷與溫摯的愛心，他從未對我的未來有任何特殊的要求，但只是相當尊重我的個人興趣發展與自由意願，以「做父親」的角度看，他是位十分民主開通的爸爸，總是樂意在颱風天親自陪著我上學，再親自接我返家；更常以「誠信做人，懃懇做事」反覆期勉我做一名忠實厚道的君子，他的影響力，自小植苗，到我大學時已生根發芽，全心念書也是此時因父親教誨以「少學問無以治世」的明訓，自感非要成為夠分量的連家傳人，方得主動自發，努力衝刺。

——連戰「圓圈裡的頑童」

政治淵源與政治路

連戰爲什麼會走上政治這條路？因爲他是生於政治家庭的。

他的祖父連橫先生，著有《台灣通史》、《台灣詩乘》等書，是一位知名的史學家，也是個文學家。這是大家都知道的，但是很多人可能不知道，連橫其實也算得上一個政治家的。

應該這麼說吧！連橫與清末的革命黨人一直是往來密切的。他從一九〇五年起，就與國民黨極常來往了。當時連橫在廈門創辦《福建日日新報》，革命黨（國民黨的前身）曾派人和他聯繫，希望他這份報紙能作爲革命黨的機關報，這就是連橫與章炳麟、張繼等人來往的緣由，也是後來連戰走上政治這條路的淵源。

連戰的爸爸連震東是連橫的獨子。連震東在日本慶應大學完成學業後，聽連橫的話前往大陸，隨同張繼一起工作，然後到西安服務。連戰就是在西安出生的。那時，連震東擔任西安中央戰時幹部訓練團政治教官。

關於自己的家族歷史，連戰知道得很清楚。也許基於這樣的血緣關係，他從小就充滿了政治細胞。他很聰明，投考大學時曾面臨前途的抉擇，他做了一個政治性的研判與決定。那時還沒有聯招制度，而他所揀選的三個志願都錄取了：台大政治系、台南工學院（今成功大學）土木系、師範學院史地系。怎麼選擇呢？留在台北陪侍雙親是應盡的義務，所以返回台南老家就讀的心意因此打消，而政治學中的智慧自認較純學術的史地更適合他活潑的個性，於是他就順理成章走上這條科班的政治「不歸路」。

連戰從政以來，最想建立的是務實的世界觀。他擔任過外交部長，外面的世界看得很多了。

不過，今非昔比，過去的務實外交聯繫上一個完整的世界觀，包含著歷史和政治哲學；今天的務實外交卻已退縮到台灣國際地位的促銷工作，而且往往需要花錢來買友誼。這是很悲慘的事。原來的想法是隨著第三波民主化、民主人權已成為人類無法改變的大浪潮。台灣則透過生活方式的民主改造，趕到世界的前端，獲得了許多文明國家的認同和支持，它的主權地位就這樣慢慢奠定下來了。在這種情境下，各國對台灣國際地位的承認將自動出現，務實外交也成為必然的趨勢了。

爲了要成爲「夠分量」的連家傳人，連戰走上政治這條路，應該是最快的了。作爲一個政治人物，他想建立務實的世界觀，就容易多了。

「祥和社會」的政治理想

在連戰的想法裡，台灣是在甲午戰敗被滿清政府割讓給日本，淪爲殖民地的，正如他的祖父連橫先生所說的：「以軒黃之華胄，而爲他族之賤奴，泣血椎心，其何能恕？」眞正說出了台灣同胞的心聲。而爲了反抗日本的殖民統治，各地義軍前仆後繼、風起雲湧，留下許多可歌可泣的故事，無數仁人志士爲保存民族尊嚴而奉獻自己的生命。

一九四三年，中美英三國領袖共同發表的開羅宣言中，明白確定台灣、澎湖將回歸中華民國的版圖，實現政府光復台灣的目標。換句話說，台灣的光復，不但可以一雪甲午戰敗之恥，使台灣同胞重獲自由與尊嚴；同時，藉著這個歷史性的日子，也可以凝聚炎黃子孫血濃於水的民族情感，更宣示了中華民族永遠不能分離、不能分割的歷史淵源。

到了二十一世紀，國際競爭愈來愈激烈，面對未來挑戰，連戰認爲台灣必須有大格局的宏觀看法與做法，在結構性方面作根本的改革，而爲了促進政府服務的效能，提升國家競爭力，推動政府再造，簡化政府層級是大趨勢下的必要手段。

所以，當年在精省的過程中，所有受影響的機關員工權益保障，他都設法作了妥善適切的照顧與安排，他認爲這也是政府的責任和義務。

在政治哲學上，連戰十分佩服孔子所說的「政者，正也」。從政以來，他始終秉持著一個理念：行正道，做正事，堂堂正正，爲國爲民。因此，他一直認爲，政府既是服務眾人之事，必須秉持正直的操守，正義的作爲，以國家爲念，以人民爲主；只要持之以正，就可以無愧於心，無負人民的付託。這就是連戰的政治哲學。

他的施政要求擴大視野、均衡發展、尊重民意，並強調政策的前瞻性，以二十一世紀跨入現代化國家爲目標。

從一九九〇年出任省主席開始，連戰就始終以「祥和社會」作爲其全方位施政所要達到的政治理想。這個理想看似簡單，其實格局是很大的。他認爲，要達到家庭安樂、社區安和、社會安康、國家安定、人民安祥，就必須讓國防、外交、內政、教育、經濟、交通、環保、衛生、福利等各方面的施政，都達到一定的水準才行。這也是連戰就任閣揆之初提出「全方位施政」的理由。他始終把「全方位施政」當作實踐「祥和社會」政治理想的一大挑戰。他認爲，只要行正道、做正事，一點一滴、一步一步地去推動，必可在建設現代化國家的過程中，逐步達到「祥和社會」的政治理想。但是，要達到這個理想，中華民國還必須推動「制度化」及「法治化」的政策。

連戰多年來一直鼓吹經濟、政治、制度，及意識形態的全面現代化。一九九四年二月二十三日，連戰在立法院發表施政報告，強調以「前瞻」及「務實」的公共政策，來達到國家現代化的目標。他這種現代化的觀念，如今已成趨勢。不過，在當時台灣政治的領導地位，是頗爲先進的。

平常心看待職務調動

同樣擔任過行政院長，當年郝柏村的領導風格，就比較具有嚴肅的道德色彩，所以在作風上表現較傳統的政治哲學與形態，使人有官民間的隔閡感；連戰的長處，卻在於他的平易近人。他使民眾覺得更親切、更有親和力。

因此，當初連戰被提名為閣揆時，固然曾經受到有關個人家庭財政背景及稅務問題的質疑，但基本上他愈來愈獲得接受，卻也是個不爭的事實。那時，大家希望政府施政能有全新的氣象。這「新」，不只是「世代交替」的年輕化而已，事實上也是迥異於郝內閣的全新經營之道。

從事公務廿多年來，連戰職務上的調動可說是常有的事，他一向本著「平常心」面對，而每到新環境，一定是先深入體悟自己所背負的責任，然後全力以赴，克服新工作所帶來的挑戰。到省府服務時，就是這個心情和態度，後來擔任行政院長也是如此。

當時有人說他還年輕，可以再等一些時日再出任閣揆。他並不以為然，尤其自認從未主動營求過任何職位，也深信國民黨人才濟濟，所有同志都有「無私無我」的坦蕩胸襟，奉獻國家社會，這絕不是什麼「爭」和「奪」，或「禮」和「讓」的事。由他出任閣揆，並無不可。

當時，也有人認爲民進黨在立院有三分之一的席次，這是現實問題，應該尊重。因而懷疑他可能會贊同延攬民進黨人士入閣。不過，連戰的想法並不是這樣的。他認爲，所謂「聯合內閣」，是因爲有的國家小黨林立，或因選舉緣故執政黨無法取得過半數席次，權宜上必須組「聯合內閣」，這是特定國家的政治生態現象。我們的憲法，從五五憲草演進而來，基本上，憲法是國家政治制度的展現。英國有位政治哲學家柏克（Burke），他說政治的體制不是創造出來的，是自然發展、自我成長出來的，只能發現，不能創造它，也就是說，不是在一個藍圖之下繪出「理想國」的。當然，英國人的論點有其政治背景，他們不成文憲法的體制，是日積月累而形成的。而另一派以自由思潮爲主的人又認爲，人類可以大無畏精神創造一個現世的天堂。這是兩種完全不同的看法。連戰個人則傾向於政治發展最重要的是合乎國家、社會需要。

在他的想法裡，這要分兩方面來說，在行政工作上，所有階層彼此配合、協調，是相當重要的事，行政系統本來就是一個團隊，主要目的是講求效率，從這個觀點來看，政府的行政體系應該是不分彼此的，必須密切合作。至於「獨台」，是中共給帶的帽子。他在外交部時才第一次聽到。他認爲，假如爲了有獨立自主主權的中華民國奮鬥努力，而被中共或某些人指爲是「獨台」，那問題是出在他們，不是我們。連戰永遠是會盡一切力量爲中華民國獨立自主發展而努力的，不管他們怎麼誣陷，也不會改變他愛國家的堅定立場與原則。

另外，連戰覺得國家統一是整個民族共同的理想，他決不會背棄這個理想的。身爲現代的中國人，不論身處何時何地，對民族歷史、千代萬世子孫都有歷史上的責任，這是一個「大是大非」的問題，沒有第二個立場。雖然目前國家是分治狀態，這是一個現實，但中華民國還是要繼續生存發展，同時他也相信中華民國繼續存在、生存發展，有助於整個國家未來的統一。

他也認爲，中華民國是獨立自主的主權國家，所以中華民國應享有任何主權國家應享有的權利和義務。回到聯合國，就是獨立自主的主權國家應享有的權利義務，不容剝奪。不過，此時此刻也必須考慮到現實的問題，現實環境的考慮包括中共對我們的生存發展仍有圍堵的意圖。連戰認爲，也許應該先從功能性，或是區域性的國際組織著手，才好解決這個問題。

二〇〇四年的人民幸福工程

西元二〇〇〇年，連戰曾經參與角逐中華民國第十任總統選舉。以高齡一百零六歲辭世，也是二次大戰重要人物的蔣夫人宋美齡，就曾經在美聲明支持他。

當時蔣夫人在聲明中，是期許連戰改造國民黨，召回出走的菁英。她希望連戰「師法先總統五十年前改造中國國民黨的決心」，把「以往出走的菁英分子號召回來」，一起重新爲國民黨奮鬥。

到了紐約長住的蔣夫人，不尋常地發表聲明，支持她所屬國民黨的總統候選人連戰，固然是充分反映那一年台灣大選的激烈與國民黨選情吃緊，但也透露了一些訊息，就是蔣夫人在聲明中固然支持連戰，但同時要求他，必須效法先總統蔣公當年自大陸撤守台灣後「改造」國民黨的作爲，將以往「出走」的國民黨菁英分子「號召回來」，一起「重新團結奮鬥」。

蔣夫人的聲明如下：「中華民國是國父手創，先總統一生堅苦卓絕捍衛的國家，大家必須警覺，不要由於抉擇錯誤，而使之毀於一旦！國家的領航人，必須具備堅忍剛毅的性格、前瞻遠見的眼光、久經歷練的政治經驗，才能將國家領向安全繁榮，領向自由民主，今天只有總統候選人連戰符合這些要件。只有他提出的政策和方法，能爲弱勢者創造平等互惠的大環境！爲兩岸開創恢復協商、溝通協進的新局！我特別期許他、勉勵他，會師法先總統五十年前改造中國國民黨的決心，把以往出走的菁英分子，號召回來，一起重新爲中華民國、爲中國國民黨，團結奮鬥。」

既然這樣，連戰是否會考慮蔣夫人的這些微言大義呢？就我們目前看到的情形來說，「國親合」就有點這樣的意思了。確實是把「以往出走的菁英分子號召回來」，一起重新爲國民黨奮鬥。

但是，如果二〇〇四年，國民黨又重新掌握了執政權，連戰會有什麼方法讓人民過好日子呢？

二〇〇三年初，他在接受日本每日新聞專訪時，就已經首次具體提出「國民黨推動二〇〇四年人民幸福工程」，其中有八個努力方向，包括：促進政局安定、建立優質民主、推動和平的兩岸關係、增進政府效能、重建文官士氣、振興經濟、提升國內文化、普及社會安全。

連戰認為，當前台灣在政黨輪替後競爭力逐漸衰退，台灣優勢逐漸消失，兩岸關係又似乎和解無望，二〇〇四年的總統大選的意義就在於在野黨必須提出重建台灣奇蹟的具體努力方向。

二〇〇四年的總統大選，將是國家未來發展的一個重要關鍵時刻。連戰認為最大的意義就是在野黨必須扭轉當前這種國家內耗、空轉的趨勢，用這八個努力方向重建台灣奇蹟。

治理國家藍圖

「管理在臺灣，製造在大陸；總部在臺灣，營運在大陸。」從連戰這句話可以看出，他在治理國家是以台灣為主體的，這與一些急統者的理念，完全不一樣。

自從二〇〇〇年政黨輪替後，國民黨同志普受煎熬，連戰本人也有刻骨銘心的感受。但不管如何，在這三年多，國民黨「黨的改革」是他念茲在茲、全心所繫的工作，國民黨從零開始，以大刀闊斧的精神，對黨的組織、結構、決策、政策乃至於黨的精神文化，都做了很徹底的檢討。所以國民黨在兩千年雖然輸掉了選舉，卻找到了反省。

反省之後，連戰心中現在只有一個目標，那就是要讓大家團結起來，為全國民眾打造無限的可能。國民黨要再一次向全國同胞證明，國民黨是一個有執行力的政黨，是一個有生命力的政黨，也是一個有競爭力的政黨。他認為國民黨已經從「斷層」中找回了黨魂，也找到了未來努力的方向。國民黨在過去十多年以來，出現了三大斷層：包括公義斷層、理念斷層，與組織斷層。這些就是國民黨曾經失敗的主要原因。

連戰提出的國家當前面臨五大課題以及解決之道，是這樣的：

第一大課題爲民主憲政的問題。國民黨再度執政之後，將以確立憲法雙首長制爲目標，絕不濫用全民之名，實行集中權力之實。

第二大課題爲經濟與失業問題。連戰說：「管理在臺灣，製造在大陸；總部在臺灣，營運在大陸。」的分工體系已經逐漸成型。只要政府能夠以大格局及積極開放有效管理的作爲，在兩岸經濟發展的過程中，創造互利雙贏的綜合效應，台灣有機會再創下一波的經濟奇蹟。

至於經濟問題，也是信心問題，而信心建立在政府誠信與執行力上。國民黨執政後，要立即開辦國民年金保險，以確保人民的生活安全；同時以最優惠的租稅環境和國際化的金融制度來全力改善投資，讓大量投資創造大量就業機會。

第三大課題，就是貧富差距擴大問題。國民黨執政後，將多管齊下，讓所有的人都能享有最基本的生活尊嚴與生活條件。國民黨將立法嚴格限制少數大財團併呑一般

企業及國營企業的作爲，形成少數大財團操控全國經濟、左右國家政治，造成社會的不公不義的現象。

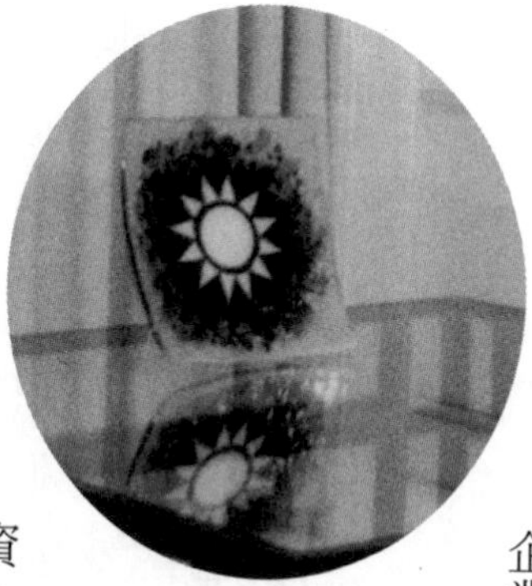

在連戰的計畫裡，國民黨將進一步改革全民健保，取消民進黨政府不合情、不合理的健保雙漲措施，以期能眞正照顧到低所得者；並將強化基層金融的體質，尤其要照顧農、漁民的權益。國民黨將以「所得政策」取代基本工資，創造就業機會並改善、保障人民的生活。國民黨還將全力扶植中小企業，成立「聯合研發中心」，以提升中小企業創新、研發實力，並協助中小企業建立物流行銷管道、創造國際品牌、強化運籌能力，藉以提升其競爭力，爲台灣奪回過去的光榮。

第四大課題爲兩岸關係。連戰認爲，兩岸關係的穩定和改善，是台灣社會安定與經濟成長的關鍵。國民黨執政後，將在九二共識的基礎上，立即全力推動兩岸直航事宜，提升企業競爭力。國民黨將推動與中共簽訂租稅協定、共同打擊犯罪協議，杜絕「錢進大陸，債留臺灣」的弊端。國民黨也要推動與中共簽署投資保障協議，確保台商權益，讓台商不再是獨自打拚的孤兒。最後，國民黨要推動簽訂綜合性的「兩岸協議」，有效處理兩岸間的重大問題，使兩岸能有長期的和平與發展。

如果在二〇〇四年三月國民黨贏得總統大選，連戰將即刻訪問大陸，展開「和平之旅」。只要能使兩岸平等相處，合作雙贏，爲台灣二千三百萬人民及後代子孫開拓一個安身立命與永續發展的機運，他將不怕任何的污衊與抹黑，勇敢承擔起這項歷史的責任與使命。

第五大課題就是文化和教育。連戰認爲，教育爲百年樹人之工程，更是國家競爭力的基礎，國民黨執政之後，在教育改革方面，一方面要剷除所有意識形態主導的企圖，一方面要剷除任何躁進的推動，將全面檢討教改，以人文導向、資源導向、主體導向來推動眞正的教改。

面對這五大課題，連戰是極有信心的。他要打造的是一條康莊大道，他也認爲國民黨有信心、有決心、有能力，因爲這是以國民黨的執行力爲保證的。

十大不可能的任務

近年來，「執行力」一詞，特別受到重視。「沒有執行力，哪有競爭力？」這話一點也沒錯。要成爲一位傑出的領導者及主管，首先就應從執行力作出發點，也就是說主管必須要培養勇往直前、全力以赴達成任務的執行力。

連戰對這一點也深有體悟，強調國民黨將以執行力爲主軸，發揮政府的領導力，加強企業的競爭力，提升民間的生命力。國民黨將組織堅實的執政團隊，延攬黨內外與國內外一流人才，共同建立一流社會，一流國家，一流政府。

連戰眼中的國民黨，將以執行力轉化民進黨執政下十大不可能的任務：

(一)、我們將堅守雙首長制，改變民進黨的「一人政府」。

(二)、我們將尊重專業判斷，去除民進黨的意識型態主導。

(三)、我們將振興經濟，扭轉民進黨的下滑經濟。

(四)、我們將減少財政赤字，杜絕民進黨的政策買票。

(五)、我們將改善兩岸關係，替代民進黨的兩岸敵對。

(六)、我們將推動對的政策，停止民進黨錯誤政策的空轉內耗。

(七)、我們將斷絕黑金勾結，阻絕民進黨的向下沉淪。

(八)、我們將縮短貧富差距，扭轉民進黨的財團傾向。

(九)、我們將重整教改，改正民進黨的躁進手段。

(十)、我們將重振公務人員士氣，避免民進黨的藐視和踐踏。

連戰認爲，唯有這樣的全面改進，台灣人民才能安身立命，台灣社會才能永續發展。台灣優先是要讓台灣安定、繁榮、富裕、進步優先；不是讓台灣的混亂、蕭條、貧窮、衰退優先。台灣再也沒有本錢可以讓民進黨再揮霍四年；台灣再也沒有時間可以讓民進黨再空轉四年了。

2 行政革新

我認為的改革，應有負責任、理性改革的方向：

第一，要由庸俗民主提升到優質民主。

第二，外交必須全力擴大全方位的實質外交，突破加諸在我們的不正義、不正當的國際環境。

第三，兩岸必須由不確定敵意關係進步提升到正常的雙贏關係。兩岸在不確定的陰影下，零和遊戲已五十年，夠了。

第四，由一個耗損的環境進入永續發展的環境。

第五，發展中的經濟進入成熟經濟，確立以自由化、國際化與紀律化為骨幹。

第六，由冷漠的社會進入關懷的社會。

第七，教育應由功能性、只重智育的教育理念，提升到人本、全人教育體系。

第八，排除以功利為導向的文化，建立豐美的文化。

這八大方向是我認為應該做、能夠做且能達到的目標。

這些理念不只是政策的延續，更是內涵的創新；不只是制度的建立，更是品質的提升；不只是目標導向，更是行政取向。

——連戰在台大政治系系友會演講摘要

改革，必須是負責而理性的

美國前總統布希（George Bush）與杜凱吉斯(Dukakis)競選時，杜凱吉斯自稱有效率，布希說：「對，你的火車已經開了，但沒方向。」這說明了方向的重要，盲目改革是沒用的。

對於改革一事，連戰的看法是：大家可以批評與指責，但目標才更重要。

任何國家在關鍵時刻都必須有關鍵性的作法，如美國經濟大恐慌時期的新政、英國柴契爾夫人的經濟改革、經國先生一九八七年的解嚴、李登輝總統的推動民主政治等，都有所不同。

連戰認為，我們面對的改革，不只是要讓民眾不失望而已，而是要在不失望的同時也增進福祉，讓他們有尊嚴、有榮耀、有驕傲地活在中華民國台灣地區。我們在建立現代化社會時，從分際與秩序方面來說，和眞正現代化先進國家相比，還是有相當的距離。最主要是政客為了爭權而引起很多惡性鬥爭，為了奪利而有大量投機，為了要名而拚命作秀，根本無心於改革。

除此之外，在我們的生活上也都有一些抱怨，如環境髒亂、山坡地濫墾、空氣與水汙染、公共領域建設落後了一大截等等。連戰認為，做一個行政的人、執政的政黨，我們眞的還有很多事要因應！不能迴避、不需巧辯、更不必掩飾，要誠心誠意面對，並提出方向，才能讓全民同心協力來改善，所以連戰提出「負責理性的改革」的哲學。

改革應注意的方向

有個笑話這樣說：

在莫斯科的大街上，有個俄羅斯人向美國觀光客示範蘇俄經濟改革的成果。他把馬鈴薯從一個空桶倒入另一個空桶，然後又倒回來。再從一個空桶倒入另一個空桶，然後又倒回來。

這樣反反覆覆做了好幾遍，美國觀光客看了莫名其妙，疑惑地問：「什麼都沒有改變啊！」

「不錯，」那個俄羅斯人表示同意：「但是它造成的聲響可大得很呢！」

這個笑話說明，改革徒有聲響是沒用的。重要的是它是否有效果、有影響力？

在連戰的觀念裡，無論是世界的舞台或國內、國外，如今都有很大的轉變。二次世界大戰後的冷戰，在柏林圍牆倒塌後瓦解，取而代之的是新世界秩序，這個新秩序的中心現象是「全球化的現象」，印證的幾個主要現象是：

第一，國際和平是大家關心的焦點，所以用集體的行動力量來干預、參與區域的和平，似乎是非常被認同的做法。

其次，第三波民主化的潮流波瀾壯闊，逐漸席捲整個世界。

第三，網際網路無遠弗屆，資訊的發展一日千里，把人和人的關係做到天涯若比鄰般的毫無隔閡，是新世紀最主要的特徵，可以說「沒有不能達到的地方」。

第四，國際化與全球化的趨勢下，資金、人才、科技、商品、勞力都以前所未有的速度、規模跨越國界尋找市場。

第五，國家與國家競爭，以知識掛帥，創新爲基礎，人文和科技是主流價值。

在這五種主要現象下，連戰發現，我們這個開放、民主及相當進步的國家，其實具有優勢可以大展身手。

但另一方面，國內的社會、生態，經過大家幾十年的努力，已達到前所未有的自由與參與。但我們不能以現狀而自滿，因爲我們不能只是跟自己比，現在與過去比，還要在國家與國家競爭的環境下，達到全民殷切期盼的嚴苛標準。

在連戰還在擔任副總統的時候，他就分析指出，上一次的千禧年我國值北宋年代，當時范仲淹、王安石、司馬光，他們爲國家做了那麼多，國家正需要這樣宏觀、前瞻、務實、有目標、有方法的人，這不是少數人，而是一群人，一群關心的不只是自己還有別人，關心的不只是今天還有明天，關心的不只是我們這一代還有下一代，關心的不只是自己的家園還有人家的故鄉，不只是接受更能奉獻且付出，不只批評指責且有能力提出解決的行動，不要只想著「我、我、我」，要眞正能「利他」的一群人。

連戰認爲，今天的社會確實有很多可以再改善的空間，我們這個社會應有更多的公平與公義，生活上欠缺倫理與品質，人際上欠缺尊重，所以社會常有不平之鳴，我們雖然已走出貧窮的陰影，但沒有走出汙染的陰影，環境、心靈、社會都還有相當的汙染，包括色情、暴力、金錢與犯罪等。

改革的基本原則

梭羅說過：環境是不會改變的，解決之道便是改變自己。

連戰根據資料分析，今天台灣的經濟發展，平均每一平方公尺的GNP爲六千美元，這代表我們經濟發展對環境惡化的潛力與壓力高居世界第一或第二；其次是我們人口密度高；還有兩岸問題，在此不平和的環境下，這是我們特有的現象。

於是，他把改革歸納出幾個基本原則：

第一是要注重速度與效率。比爾．蓋茲曾提出二十一世紀，速度與效率決定成敗，一切都要在認定目標後，全心全意去達到，爲了這目標，一定要有危機意識、團隊意識，才能發揮動力，沒有任何不能合作的人、不能合作的同志與朋友、而且在我們多元化的政治文化環境下，沒有要逃避的議題，一切都要開誠布公，才能讓國家很平順地向前推進。

第二是必須務實，口號、標新、立異不能解決問題，今天的問題確實要改革，但改革重要的是「改」，要改善、改良、改得更好，不是樣樣都要變，一日數變非人民所想要的。

因此，在連戰的眼中，我們必須全面有秩序、理性的就當前種種挑戰做改革，必須有步驟、有能力凝聚形成共識，建立足以行動的團隊，提出可行的政策，讓這個機制儘量地發揮力量，才是務實、有步驟、有秩序的力量。

連戰認爲，很多問題都應考慮成本效益、長期與短期的影響、全民福祉與永續發展。有了這樣的共識，政策不可能都是討好，所以我們要做到求好而不討好，做事而不做秀。

第三，必須有宏觀的看法，不要被很多表象所震撼、疑惑、不知所措、病急亂投醫在連戰的想法裡，台灣問題是相當紛歧的，有些則是先進國家已有過的，例如民主化在先進國家已有百年的歷史，台灣地區卻仍然只進行了十年的時間，固然完成了制度與法令，但在文化方面依然跟不上，相對之下，在效果上便有種種的差距；例如民主制度與文化的落差、公共經濟領域的落差、環境汙染等問題，都是美英等國家已有過的問題，大可作爲借鏡。

行政革新應注意整合

在連戰擔任行政院長的時候，他就一直在改革方面著眼，並且訂定了很多的行政革新方案。

行政革新方案執行以後，很快就有了成效，但連戰當時並不滿意，他認爲各相關機關仍需加強執行，並注意整合工作，使成效能夠一目了然，增加行政效率。當時他還指示，行政革新方案必須每三個月定期向他作一次簡報。有關方案實施要項修正部分，連戰也要求行政院研究發展考核委員會協調各機關儘速規劃，規劃成熟後，即提報院會。

在行政改革中，連戰特別重視整合的工作。

舉例來說，那時研考會向他報告時表示，檢肅貪瀆方面，執行至某年某月底止，各地方法院新收貪瀆案件數爲二千二百八十二件，較方案執行前同期增加百分之八十七點三，起訴八百八十三件，增加百分之五十八點八，起訴二千一百八十人，增加百分之一百四十八點九，增加幅度甚大。處理請託關說案件知會政風機構者共九千九百三十一件之多。

員額精簡方面，研考會則報告說，行政機關與事業機構已精簡九千零一十九人，地方機關也已精簡二千八百六十六人，年度預定再精簡八千八百人，對於國家的預算支出，產生撙節效果。

在提升行政效能部分，研考會指出，已完成「行政程序法草案」的擬訂，提送立法院審議；爲推動建立公務員參與及建議制度，計有二十九個機關組設「業務改進小組」，深入檢討各項業務；該年度也選定五十項業務委由民間辦理，簡化政府業務。

就是類似如此，連戰通常會在聽取報告後作下裁示，並同意備查。

在連戰的觀念裡，行政革新服務團應爲推動行政革新的重點工作，研考會即應將其列爲重點項目，對於尙無法提升便民及工作效率的機關，應該延請專家學者前往診斷、醫病，提出檢討方案。

連戰認爲大家應該留意的是，新的行政革新方案推出後，旨在針對廣受外界詬病的單位，由大家一起來診斷、醫病，這樣才談得上效果。

擔任副總統兼行政院長時的連戰，非常重視改革。

台灣省政府經常必須向他報告，省府所提「台灣省政府組織規程修正條文暨府本部與各一級機關編制表修正案」。例如：在一級機關部分將增設文化處、水利處、消防處、原住民事務委員會，另經濟建設委員會與研究發展考核委員會整併爲經濟建設及研究考核委員會，並將「警務處」修正爲「警政廳」，「訓練團」修正爲「公務人力培訓處」，修正後省府總計設二十九個一級機關，較原來增設四機關、整併一個機關，但總人數精簡了九十五人。

類似如此的報告，可說是常態的報告。

連戰最後裁示，省府所提組織規程草案准予備查，內部改革是人事、機構精簡，企業化管理政府，省府也要朝這個方向進行研究，做到人事機構精簡，並非事事都管，而是要把「管」的事都做好，連戰並指示省府繼續研究，將相關部會意見融入。

我們從連戰的行政經驗，多少可以看他的人生哲學。

主張加强檢方力量

連戰在執政時，曾主張「打擊特權關說與官商勾結」。提到肅貪機關，很多人會立即想到香港的「廉政公署」和新加坡的「貪污調查局」，認爲這兩個機構使得香港與星洲政風清明。但是，連戰此一主張，也有部份人士有其看法。

舉例來說，檢察官改革協會就對連戰這一主張深表支持，但認爲連戰主張應成立「廉政公署」作爲達成目標的手段，則是捨近求遠。檢改會建議，應進行檢方人事改革，充實檢方人力、物力，讓檢察官眞正發揮功能，才是解決「黑金問題」的好辦法。

那時檢改會表示，達成「連戰的主張」，不應只是與當時民進黨總統候選人陳水扁一樣，都是以所謂「廉政公署」或「廉政機構」爲手段，這種主張是捨近求遠，宣傳意義大於實際意義，並不能眞正解決「黑金問題」。因爲根據刑事訴訟法規定，偵查犯罪與追訴犯罪，仍然是檢察官所主導與獨佔的職責，所謂「廉政公署」不可能脫離檢方參與，檢方無法剷除黑金的政治原因有二，主要是檢方「有將無兵」及檢方對外不獨立的立場所致。

他說，檢方「有將無兵」，是因各級檢察署檢察官辦案時，除本人外僅一名書記官支援行政工作，無任何助理或調查員幫助偵查。雖然根據法律，檢察官是可以指揮司法警察，但警方在特有的破案文化及績效評比方式下，辦案動力與目標和檢方有段差距；而調查局更有上至「層峰」、「國家安全局」、「局本部」的獨特指揮系統，所有調查作爲都需層層上報，不可能完全聽命於檢察官，檢方實際上也無法有效指揮調查局。

另外，在檢方對外不獨立上，由於現行檢方人事制度中，一、二審檢察長任命由法務部長一人決定，部長屬政務官，行政官僚色彩濃厚，本身不必具有檢察官身分，人事實際操縱在行政權手上，何時發動偵查權、如何行使搜索、拘提、監聽等強制處分權，都由部長指派的檢察長的案件指分權，與日後的「升官圖」，來達成行政權控制司法權的目的，惡果就是現在檢察官淪爲政爭工具。

檢改會建議，打破檢方對行政干預有效方法，就是在立法中的「法官法」之「檢察官章」中，規定一、二審檢察長任命應送「檢察官人事審議委員會」審議，由基層檢察官互選的檢審委員會審議，賦予檢察長民意基礎，才能斬斷行政干預。

同時，檢改會主張充實檢方人力、物力，除依法院組織法修訂規定，儘快完成一千七百名「檢察事務官」的配置外，讓檢察官指揮司法警察時，不受司法警察內部監控制度束縛，才是檢方打擊黑金的有效方式。

徹底消滅貪污

古語有云：「國家之敗，由官邪也；官之失德，寵賂彰也。」擔任行政院長時的連戰，對於貪污一事相當反感。因爲貪污使官邪，官邪使國敗，自古皆然，但是主政者如果肯誠心改過，身體力行，那還是有救的。

有一次，連戰在行政院會聽取「肅貪行動方案」績效報告後，指示成立「中央廉政會報」，由法務部積極規劃，早日成立。對於法務部建議明確規範請託、關說、加重公務人員行政責任，連戰表示都很好，並指示快一點推動。經行政院審慎評估後，連戰決定成立「中央廉政會報」，法務部立刻就會報成立的相關事宜積極規劃，以統合各部門的資源及力量，確實爲澄清吏治而努力。

連戰認爲，肅貪工作是長期性的工作，他主張各政府部門應確實體認建立廉能政府的重要性，繼續加強推展。但是，台灣的肅貪機關其實已經很多了。法務部有調查局，各地方設調查站，從高層到基層的政府機關都設政風處或政風室，各地法院有檢察署，在五權分立的體系中另有監察院「職司風憲」。防貪懲貪的機構幾已到了疊床架屋的程度，而為什麼貪風仍熾呢？

新加坡「國父」李光耀及其子李顯龍購置房屋，建商自願打折優待。李家並未強求，商人只是少賺，也未虧本。但此事曝光後，輿論譁然。李氏父子立即補回差價，並公開道歉。這就是因為新加坡肅貪的風氣很盛，誰都不敢輕忽後果。人人都把貪污看得很嚴重，所以才有這種現象。

一般的評價，李光耀領導的政府也許可界定為獨裁，但新加坡是世人公認整潔而有秩序的國家，人人有房子，失業率極低，新航飛機從無失事，國民所得也很高；像這樣的政績，只是獨裁能辦得到嗎？他們不貪污，更應是主要原因。不貪污，才使政府有效率，人民有尊嚴。

而在台灣，行政機關內部請託關說事件與贈受財物的風氣均未顯著改善，其中最主要的原因是若干機關首長對防貪工作不夠積極的態度。中央廉政會報由政務委員召集，除包括政府相關部會人員共同組成外，最大的不同還將由社會公正人士共同參與監督。

不論用什麼辦法，連戰都主張導正台灣的貪污風氣。

官員最好拒絕高球貴賓證

有一陣子，台灣的經濟情況還算不錯，許多高官都有高爾夫球場的貴賓證。但是，大部份巨賈富商的高爾夫球場的貴賓證，都是自己花了錢買來的，而許多高官卻不是這麼回事。原來他們是利益攸關的商人爲了交換利益而贈送給他們的。這就涉及了貪污的問題了。

連戰在過去擔任行政院長時，曾在立法院答詢有關肅貪問題時指出，中華民國絕非外界所言的「賭場國家」（Republic of Casino），而是要建立一個「清潔而明亮的國家」（Republic of Clean and Clear）。他強調，成立廉政公署與肅貪成效並無直接關聯性，政府對於行政上的不合理現象都會審慎加以檢討。

當時有許多立委質詢行政官員收取業者贈送的高爾夫球貴賓證，就是「貪污證」，要求連戰向人民宣告自即日起於閣揆任內不再打高爾夫球，並要求所有持「貪污證」的官員應儘速退回；連戰在答詢時表示，球場贈送貴賓證是一種「商業促銷」行爲，官員應愼重看待，最好拒絕接受，而他個人並沒有任何貴賓證。

立委在質詢時，言辭尖銳直言行政官員收取高爾夫球貴賓證，便拿特權當作回報，他並批評李登輝總統，在國內旱災頻傳時，還打高爾夫，「根本不適合當總統」，要求行政官員在走入人群之前，首先應走出高爾夫球場。

事實上，連戰個人一向沒有任何球場貴賓證，也拒絕這些卡。他認爲，公務人員在工作之餘如何安排休閒生活，應該尊重個人隱私的。

不過，連戰倒是很關心貪污一事的，只是他更重視專家的意見。在行政院組織法修訂時，他就曾邀集若干學者專家反覆研究，都認爲組織的成立與貪瀆成效，是無關的。香港、新加坡的廉政公署，其特色在有法律授權可直接搜索，我國法令未必能適用，成立廉政公署後，將使行政、司法分際、檢查分際權限難以劃分，所以應朝強化既有政風單位肅貪工作來努力。

如今，到了二〇〇四年的總統大選前夕，連戰認爲國民黨要東山再起、浴火重生，就更一定要改造。改造有四大方向，一是組織精簡化；二是作業透明化；三是民主化，一切由下而上，由大多數的黨員做決定；四是形象清新化，必須和黑金一刀兩斷、劃清界線。貪污一事，更是沾惹不得的。

掃黑不可妥協

掃黑不可妥協，一直是連戰的重要理念之一。這正是和黑金一刀兩斷、劃清界線的重要措施之一。

掃黑，顧名思義就是打擊犯罪、消弭犯罪工作的一環，基本意義就是讓每一位國民都能無虞暴力威脅而安居樂業。基本上這工作是全面性、連續性、不可妥協、永無終止的奮鬥。

一九九三年春天，連戰到行政院服務，當時他深感社會治安實有待改善，從一九九〇年到一九九二年底，短短的三年時間，經法院定罪人數，由七萬四千二百九十八人增加到十四萬七千六百三十五人，增加率高達百分之九十八點七，這是非常可怕的事。

當時他就採行一系列作法，一方面加強行政院治安會報的功能，另一方面擬定「治平專案」，以掃除黑道、暴力及犯罪，主要目標是消弭流氓、幫派、黑道及取締所有黑槍、取締所有毒品，並偵破所有重大刑案，這是當時極需解決的問題。經過一番努力，

一九九三年至一九九五年已有了具體的改善數字，起訴人數由一九九三年的十八萬零四百六十六人，遞減至一九九五年的十六萬一千八百五十九人，遞減幅度爲百分之十點三；在審判定罪人數方面，從一九九三年的十五萬一千零八十六人，遞減至一九九五年的十三萬一千二百五十六人，遞減幅度爲百分之十三點一，這是值得高興的事。而恐嚇及擄人勒贖（即綁票）等罪刑，最易造成社會恐慌的重大犯罪，也下降一成六。毒品犯罪，在三年內，由四萬七千八百三十六人，大幅減至三萬一千五百五十四人，降低百分之三十四，尤其是青年毒品犯人數，降低約一半以上。

這樣的成績，連戰當時本身並不十分滿意的。因爲他的思考方向是：

第一、以臺灣的面積與人口來看，每一年仍有十三萬人次因犯罪而經裁判確定有罪，這樣的犯罪率仍是過高。

第二、在政治民主化及開放之後，經濟日益繁榮，大家對所謂的黑金政治可以說是深惡痛絕。以不當手段參與政治，介入選舉，來增加自己的影響力，藉此影響力再取得經濟上不當的獲利，這種運作是老百姓所無法忍受的現象。

第三、國際競爭激烈，不進則退，如何提升國家競爭力，是關鍵問題，經濟、社會、文化、教育、科學技術如何推展，端賴一個公平、正義、安寧、和諧的社會，如果我們社會的每一分子，終日惶惶不安，我們根本就沒有競爭力量了。

所以，在當時行政院改組之後，連戰特別向全國說明：提升我們國家的競爭力，必須建立一個安寧的社會；維護我們的治安，必須要加強掃除社會犯罪的工作。

現代化的管理，必須是科學化的管理

連戰曾研究行政管理，深知多數官僚體系積重難返，效率低落，所以一旦有機會執政，他立即提出「創新致遠」的理念，制定行政革新方案，促使省府演變爲一個科學的、分工的、動員的行政總體，屏除「各自爲政，各行其道」的惡習，要求各單位相互配合，全體動員，以帶動省政工作的起飛，並滿足台灣在脫胎換骨轉型期的需要。

他提出很多新的構想，給各單位首長參考研究，例如對年滿六十五歲以上無義務扶養的老人給予補助，均在連戰任內發展爲具體方案。在他任內，省府各機構共提出一百六十三項具體創新措施，其中一百二十項已形成制度，開始實施。

連戰也非常贊成比爾・蓋茲(Gates,William H.III)提出的「二十一世紀，速度與效率決定成敗」的觀念，一切都要在認定目標後，全心全意去達到，爲了這目標，一定要有危機意識、團隊意識，才能發揮動力。他認爲，現代化的管理必須是科學化的管理，故全面推動省府作業電腦化，以便提高行政效率。除全面引進電腦系統外，省府有關單位並採用登記作業光碟整合處理系統、資料電子處理連線服務，及各種專業電腦整體服務網路。

例如有人談到周休二日的問題，連戰的看法是，我們的國定假日已有十八天（如果加上勞動節則有十九天），比起鄰近國家要來得多，其他國家大概有十至十一天。大略的說法，每休假一天，影響工業生產總值就達六百億元，如果加上服務業產值，將近有上千億，對我們經濟成長的影響非常明顯。我們必須要勤、要儉、要有效率，臺灣才能夠保持既有的成就於不墜。過去台灣能有今日，也是大家胼手胝足、一點一滴累積而來的。今天大家一天不上班或幾天不上班，也不會沒飯吃，但這畢竟不適合一個競爭如此激烈的大環境。因此，不論是周休二日或假期調整，一方面考量照顧民眾生活上的需求，但也不要忘記我們今天所處國家競爭力不容懈怠的環境。所以在這兩項條件的考量下，我們要一步一步地走下去，先從假期的調整做起，不要影響工業與服務業的生產。這個大原則大方向，應該是我們必須掌握的平衡點吧！

連戰在行政管理上力主革新，但它的管理卻非常強調現代化的管理、科學化的管理。舉例來說，一九九四年，僑委會委員長章孝嚴之孿生兄弟章孝慈（東吳大學校長）

在北京出席學術會議時突然發生腦溢血，病情嚴重，章孝嚴焦急萬分，欲親往探視，但因身爲政務官，礙於明令禁止的法令，不能成行。連戰在立法院答詢時強調情、理、法，認爲在執法時應有合情合理的考慮，因此特准章孝嚴前往大陸探視章孝慈。連戰展現其溫暖的人性的一面，令人感動。他爲人雖然嚴謹，但卻也是一個有血有肉的、有理性也有感性的人，他雖律己甚嚴，但講究誠信，待人寬厚。

幫國家社會斬斷黑金

過去，民進黨稱國民黨是「黑金」，後來當國民黨與親民黨合作，準備一舉打垮執政的民進黨，以取得二次政黨輪替的機會時，民進黨更提出國親合作是「黑金復辟」的說詞。

這種說詞，使國民黨形象與聲望直接受到相當傷害，連戰是相當不以爲然的。在連戰的想法裡，國民黨歷經西元二〇〇〇年政權喪失的教訓，早已毅然與黑金一刀兩斷，建立國民黨的新形象。如今還被說是「黑金復辟」，這是他所萬萬不能忍受的。事實上，國民黨不只是自己斬斷黑金，而且還要幫國家社會斬斷黑金！

有一次，連戰在國民黨中常會聽取立委陳文茜的演講報告時，就要求國民黨立法院黨團對台灣高鐵動用國家財產、逃避立法院監督，造成全民負擔重大風險的情況，要詳加調查，將眞相公諸於世，如確有違反合約，或有不當利益輸送，將追究政府及相關公司雙方的責任，必要時，政府可依約收回自辦。

這樣明確的說法及做法，正是連戰「不只是自己斬斷黑金，而且還要幫國家社會斬斷黑金」的明白宣示！既然民進黨政府在執政層面出現了嚴重的偏差，在台灣高鐵沒有依約擁有自有資金能力情況下，以迂迴方式向政府控制的金融機構要求投資超過法定百分之二十的上限，已明顯違背相關法律，更違反當初締約的條件，造成台灣高鐵建設政府挹注大部分資金的情況。不僅違反ＢＯＴ的原意，且動用國家財產。

在連戰的想法裡，陳文茜身爲民進黨前文宣大將，在看清民進黨眞面目，及深切瞭解民進黨財金人脈背景下，將全民矚目的政商勾結與黑金政治問題，抽絲剝繭，讓民眾知道民進黨政府如何掏空國庫。他認爲這是很爲國家著想的。同時他也很感慨，三年前以打擊黑金爲號召、獲取選票的民進黨，爲何得到權力之後，會腐蝕的這麼快、甚至這麼嚴重！

連戰對於陳文茜另外提到的中華電信釋股案的問題，也認爲政府在進行任何重大工程招標與採購時，都應顧及投標作業及資金籌措的合理時間，使更多的招標者能夠參與，但中華電信釋股政府竟以異於常理的最短公告時間，使特定財團得標並入主中華電信董事會，不但不符合程序正義原則，也違反標售政府巨額財產的公開、公平、公正的原則。既然這個案子「疑點重重」，連戰自然不想姑息養奸了。

政策要求具有前瞻性

連戰出任行政院長，是從一九九三年二月十日，到一九九七年九月一日。四年半的任期，所提出的財經藍圖、方案，規模都不小，對台灣經濟的貢獻，有一定程度的影響，甚至可以說是歷屆閣揆之最。

從他組閣之初，即提出全方位施政，除了要求國家建設應齊頭並進，特別著力在行政革新與振興經濟，推動有史以來僅見的「全民健保」，積極改善財政赤字，倡言「縮小六年國建規模」，並在一九九五年提出發展台灣成為亞太營運中心，一九九六年提出「提升國家競爭力方案」，這些措施可以說都是大格局、大氣魄、有前瞻性的政策。

儘管連戰提出這麼多的大政策，但經過這幾年的實踐、推動，從施政風格來看，他是一個「管大方向、抓大不抓小」的政治人物。

全民健保這個政策的決定與實施，最可以看出連戰的魄力與雄心。

由於是史無前例的措施，在開始推動時，連戰遭到極大的批評與阻力，但他毅然決然挑起這個歷史的重擔。此一政策讓社會中產階級、重大傷病、慢性病患者蒙受其利，奠定了我國社會安全制度的基礎，也讓國人在追求「平等與效率」的同時，得到了社會公平正義。

至於財政的重建，也值得一提。由於六年國建的推動，讓我國財政惡化、大量發行公債成爲下一代的負擔。連戰除縮小六年國建的規模，更要求實施「由上而下歲出額度」，控制各行政部門的支出，三年下來，讓預算收支提前出現平衡，爲我國最近幾年的建設奠定穩固的基石。

至於亞太營運中心，曾被認爲跨世紀邁大步的計畫，讓台灣建設金融、空運、海運、媒體、製造等六大中心，只可惜亞太營運中心的推動並不順利，受到很大的阻力。

連戰四年半的閣揆任期的確在財經政策上著墨很多，貢獻也不容抹煞。

讓青年人來接班

連戰在過去擔任行政院長時，曾在立法院答詢有關肅貪問題時指出，中華民國絕非外界所言的「賭場國家」(Republic of Casino)，而是要建立一個「清潔而明亮的國家」(Republic of Clean and Clear)。

這段話講得很好。但是，要建立一個「清潔而明亮的國家」，則有待年輕人的參與。談到「選票」，很多專家常會分析說，搞好青年人的關係，會爭取到相當多的游離票。沒錯，擔任副總統時的連戰，就創辦一個青年發展基金會，由政府主導培養社會青年人才的工作。他當時是希望結合大家的力量共同參與培養年輕人的工作，這樣的工作，政府能領頭來做是更好的。

連戰這麼多年的工作與社會各界接觸，深感有很多可愛的青年人，他在政府也有一些經驗及與各界的接觸，他想自己有這個力量可以幫助這些青年人，「我不做，其他人也會做。」「也不是說只此一家別無分號，其他人也可以做。青年人太可愛，我只是深

有此感而已。」創立一個青年發展基金會，可以結合更多社會的力量，讓這些錢花在青年身上，爲社會多培養一些人，讓他們有更寬廣的胸襟，這實在沒有私人的考量、自私的立場。

連戰也對政府角色定位強調，政府不能再是一個大有爲的政府，而應是一個有所爲、有所不爲的政府，不能是一個大而無當、事事管卻處處管不好的政府，而必須是小而能、小而精的政府。

培養青年人最大的好處是，行政院正在推行行政革新之際，連戰常指出官員們要突破「不求有功、但求無過」，「多做多錯、少做少錯，不做不錯」病態心理的流弊，希望不要「船過水無痕」，過去了就了事，這也是小市民的期待。然而，如果青年人能陸續接班，那股幹勁自然就能改善一切了。

革新，要先革心

一向溫和的連戰在擔任行政院長時，曾經有一份幾乎沒有進展的方案檢討報告，讓他看了忍不住發了脾氣，說了重話，更讓一向看慣公務員推、拖、拉的小市民，有深得我心之感。

連戰一向強調的行政革新，不只要求「革新」，更能「革心」，拋卻因循苟且的心態，這頓脾氣才算發得有價值。

我們從歷來行政院內討論各種方案的會議來加以研究，只要多觀察幾次就不難發現，各部會其實並非不知問題所在，再複雜棘手的問題，要他們抓病因，洋洋灑灑的總能列出好幾項；仔細研究，倒也還算對症下藥。

其實，老問題推不動最大的關鍵還是在「心態」，尤其是送到行政院專案處理的方案，照道理都是最重要的案子，處處仍可見到各部會只重責任、不重成效的態度。解決問題方案能推則推，不能推就強調別的部會要配合；最後沒有成效，大家一起來扛責

任。這種苟且不負責任的心態，實在令人心寒。

連戰認爲，最近十年，各機關用人無限擴增，已造成財政沉重負荷；最近十五年，據行政院研考會每年民意調查，發現民眾對於各級政府施政滿意度逐年下降；而公務員操守欠佳，貪瀆盛行，情況更嚴重。

檢討起來，執行這些方案者當然不是「木頭人」，說起困難來也是數不勝數，總括來說，不外是人才、預算、土地與立法緩慢四大問題。

連戰認爲，提出這些解決方案者，望聞問切的工夫很高，就是遲遲無法用藥。譬如有些方案一年檢討一次，年年提出相同的解決建議，甚至十年後仍提相同解決建議的情形，不少部會都曾發生過。所以，不先革心，是談不上革新的！

3

文化政策

過去我們努力的方向都非常正確，第一個方向是我們先後成立了文化的部門，但這畢竟只是階段性的，我們的國家將來要成為真正的文化大國，在行政部門一定要有一個相呼應的文化部門，這也就是我一再強力支持要成立的文化部。其次，我們要集合政府與民間的各種資源，來推動我們文化藝術各方面的事業，今後，像國家級的哲學講座、人文講座、藝術講座，我尤其希望政府、基金會乃至於民間有關的團體能夠共同集合資源，向這方面努力。第三，我們不能忽視我們的社區，因為文化事業不能只侷限在少數的人，一定要深入基層，社區將是我們改造社會，提升文化與生活品質的中堅力量。

以上這些世俗層面的問題報告之後，我要提出一些個人的看法、第一，要成為一個文化大國，必須擁有世界一流的教育、科技與學術水準第二，在創作面，我們的文化產品如書籍、文學、藝術、音樂、雕刻、舞蹈、電影、唱片，乃至於各種新的媒體產品，必須要能源源不絕的發展，繼續的開拓，才能得到國際的肯定。

——連戰「文藝雅集」演講摘要

只有「文化」，才能把我們變成大國

台灣文化源自於中原文化，連戰對這一點的體認極深。台灣文化具多元性、包容性，這樣的特色，他也看出來了。

任何一項制度，如果沒有相應的文化作爲基礎，制度就不會運轉得很好。文化的重要性，在於它是各種制度的重要指標，它也是一個民族和社會的主要精神內涵。一個文化如果沒有自主性，不能自我向上提升，不能形成共同的願景，那麼將會變成一個文化的染缸，看起來像是五光十彩，卻會雜亂無章。台灣過去特殊的歷史環境與歷史經驗，就是充滿生命力、創造力、包容力與多元性的一種文化。這是因為我們在過去從漢族的移民到殖民的時代，乃至於包括我們南海語系的原住民文化，讓台灣的文化景象非常的多元。

在連戰個人的觀察裡，台灣有兩大問題是必須面對及思考的。第一個問題是制度層次與文化層次的落差。在一個快速成長的社會裡，我們有很多的典章制度，必須去學習、引進，但是任何制度的內涵及成敗，要視其有無文化的基礎；不料台灣文化層次和制度層面產生了嚴重落差，許多制度的發展，都是制度在先，文化在後，結果弄得四不像。以民主政治來說，因為沒有民主文化的涵養，所以庸俗、賄選、紅包的文化，變成大家耳熟能詳的文化。

其次，台灣文化還有一個問題就是缺乏文化的自主性，消費性的文化生活活動，多於創造性和生產性的活動；外來性的文化多過自發性的文化；模仿性的文化多過原創性的文化。

連戰對這樣的結果，把它歸咎於缺乏共同的願景與願望，以及人的品質。

在他的想法裡，談文化，當然還是要回歸到「人」的本身來，著眼於「人」，才是文化的主體。要提升人的品質，一方面應提倡美學的觀念，培養個人對「美學」的愛好與興趣，營造一個重視「美學」理念的社會。如果人人重視「美學」，個個發自內心的追求「美」，則社會必然不會有暴戾之氣，不會有貪婪的惡習。另一方面是從傳統個人的修養方面著手，孔子的儒家思想值得重新認識。

在連戰推動的文化理念、文化建設、文化大國等等構想時，他認爲靠政府由上而下的方式與力量是不夠的，必須要靠全民的反省，及由下而上匯聚各方力量，才能發生效用、學術界、文化界、文藝界的朋友，觀念新、表達能力強，素來就受到一般人的尊敬，更應該扮演關鍵性的角色。

重視人文社會科學發展

如果自然與應用科學是強國之本，那麼人文社會科學就是立國之本。

連戰在大學教的是政治學，當然可以說是人文社會學界的一份子，所以深信國家的競爭力是建基於科技和人文社會科學並重的均衡發展之上。

如何眞正建立起堅實的國家競爭力呢？他認爲要提昇國家競爭力，應該把社會福祉與社會品質列爲首要之務，精神層面的提昇更是國民應該致力的目標。換句話說，我們在推展科技創新、強化經濟力量的同時，一定要重視人文社會科學的發展。

連戰是一位道道地地的政治人物，關心的是如何讓國家的民生問題確實解決，以及如何厚植國力、迎接二十一世紀的挑戰，並在國際間屹立不搖。

從事人文社會科學的學者不僅不是「弱勢科學」，而應是一門「顯學」。在台灣社會此一時刻特別顯得重要。人文社會科學的重要是因爲它有助於我們的文化延續、人性倫理、生命尊嚴、環境生態、生活品質等重要理念的提倡與發揚。

事實上，政府許多的施政規劃與推動其實一直都倚重我們人文社會學界的。其次，有關二十一世紀的社會願景部份。我國應該如何厚植國力以迎接二十一世紀的嚴苛挑戰，並在國際間屹立不搖，全看我們如何建立一個以「人才」爲經營主軸，並且充滿「人文關懷」的社會而定。

在連戰的認知裡，過去五十年來台灣的經濟發展，大家已經有目共睹，但在這期間也同時帶出了一些社會問題，雖然近年來政府已開辦農民保險、全民健保等措施，但對弱勢團體的照顧仍有待加強。

他相信我國未來發展必然更加快速、但是要使發展均衡、有序，有待於我們人文社會學界人士協助。他認爲只有先釐清二十一世紀我國社會發展的特質、擬訂人才培育方案、提出推動策略，才能做得好。

教育應以「人」為本

連戰在擔任副總統時，曾經向所有改制爲國立的台灣省屬高中職校長們宣示，他將促請教育單位儘快規劃將國民教育延伸爲十二年，希望在三年內實施；同時他將推動國中、小學小班制，希望在未來能達到每班三十五人的目標。

這是我國教育政策的發展方向，也是教育的「利多」消息。

連戰對教育的趨勢是看得很清楚的。國中、小學生小班制已推行有年，因時光流轉，年復一年，檢討起來，這項教育措施是極具推動性的，他的理想是每班不超過三十五人，最終理想則是不超過三十人。

有關未來學校教育的內涵，連戰希望將包括鄉土教學、國際觀和世界觀並養成資訊科技素養。他的理想是讓每一個學校「班班有電腦、人人可上網」。

過去，台灣教育是以配合經濟發展爲主，雖大幅改善國人的物質生活，卻也物化了人性，如今有必要扭轉回來。他認爲好的教育應以「人」爲本，注重「全人」的培養。

教育是個重要的課題。本身受過良好教育的連戰，最重視的也是教育。

根據連戰的觀察，國內教育已有「物化人性」的扭曲現象，當年成立教育改革審議委員會，特地邀請中研院院長李遠哲擔任召集人，重點就是要把「教育做爲一種手段」的觀念，轉化成「一種目的」，也就是注重「全人」的培養。

在連戰的想法裡，學生是教育的主體，可惜有人將「學生爲本」解釋爲學生喜歡什麼都應尊重，正與時下年輕人的「只要我喜歡，有什麼不可以」相呼應，其實中學生的可塑性很大，也是學生人格定位定型的階段，學校應透過生活、教學、輔導，協助學生接納自己，發展民主法治概念、合群習性、成熟情緒與解決問題的能力，這也是連戰長久以來一貫的想法。

此外，連戰對政府教改的看法是否定的。他認爲教育應做爲窮人最後一道正義防線。當教育已不是窮人最後一道正義防線時，多元教改原意會遭受扭曲，導致成果與原意發生落差，目前進行的多元教改是失敗的政策，台灣要拚經濟，就要順應知識經濟的發展，避免淪爲「只有有錢人才能受教育」的境界。

他說，包括國民黨智庫推動研擬的中低收入戶兒童津貼政策，乃至於參考國外研究中的「負所得稅」制度，都是很有前瞻性的思考作爲。

教改的不歸路

連戰認爲，拚經濟的基礎還是要建立在知識教育上，知識經濟時代，教育如未順應潮流，將產生教育世襲制，即受高等教育者恆受教，但貧窮也將成爲世襲的情況，台灣應避免走上這條路。知識經濟的時代來臨了，若教育工作沒安排好，或者教育已不是窮人最後一道正義的防線，多元教改原意遭受扭曲，導致成果與原意發生落差時，整個教改是失敗的。

但是，太慢了，教改檢討聲浪在台灣已無法抵擋了。民進黨曾經重砲猛轟：連戰是

教改亂源！

連戰怎麼會成為砲口呢？當然這是由於政治鬥爭了。時值二〇〇四年的大選前夕，多位民進黨立委就把亂源指向當初擔任行政院長的國民黨主席連戰，這也是理所當然的事了。

民進黨立委指出，高學費、建構式數學、廣設高中大學、教科書一綱多本、自願就學方案和教授治校等政策，都是連戰在擔任行政院長，以及前教育部長吳京任內所推動，這兩人應該為今日的教育亂象，向全國人民道歉。

事實上，將教改失敗歸咎於連戰，是並不了解政策實施的「時間點」的。國民黨發言人蔡正元就比喻得很好，教改的車子是國民黨準備的沒錯，但把車子開翻的是民進黨。車子沒問題，問題在開車的人。有關高學費政策，為何國民黨時期調漲，不會引爆民眾抗議，民進黨執政就會，問題在於民進黨執政三年經濟大幅衰退，民進黨卻仍死抱公式調漲，當然會翻車。

連戰執政時期，雖然調漲學費，但都是配合經濟成長率的。當年經濟成長率都是百分之五至百分之八，學費調漲的幅度並都低於經濟成長率，當然不會有爭議。他表示，當初調漲學費，也是跟經濟成長有關，當經濟成長率高，教師薪資自然要調高，學費也因此要調漲，但調漲並不高。

但民進黨上台後，經濟成長率是負的，經濟大幅衰退，政府仍繼續調漲學費，其間民眾被「相對剝削」感受就產生了。民眾收入減少，而學費還要調高，因此民進黨死抱調漲的公式，不知大環境完全不同，仍要蠻幹、硬幹，就像是師父教你一套拳法，你卻練成內傷，除了要怪自己學藝不精，要怪誰？

連戰執政時期，教改的理想並沒有錯的，關鍵在於執行。連戰主政是循序漸進，國民黨較貫徹的像是小班小校制度，但像廢除明星高中是民進黨加進去的政策，而九年一貫、及多元入學都是民進黨上台才全力推行，像這樣急加油又急煞車，當然會翻車。

教育投資是最好的投資

「學習」其實是世界上最佔便宜的事，例如，只要花三、五十分鐘聽場演講，就可以吸收主講者可能花三、五個星期準備的心血；花一個星期看一本書，可能就很簡單地獲得作者三十年來的畢生經驗。所以，好的教育比什麼都重要。

目前國家財政惡化得很可怕，依據資料顯示，截至二〇〇三年，我們的國家債務已到了四兆或五兆，而總統在各地方開的支票算一算超過八千億元，但是，這些錢都是要還的，總不能借錢愛臺灣，舉債留子孫的吧！

連戰曾經針對媒體詢問國家財政透支問題指出，開支需好好規劃，例如身心障礙、失業勞工、中低收入戶等子弟學雜費減半或免費等，才是對這些人有幫助的，因爲最好的投資就是教育投資。

連戰的看法是，現在的政府財政透支，卻舉債借錢，在選前開支票，但這些錢最後還是要還的，他認爲不能「借錢愛臺灣、舉債留子孫」，這絕對不是辦法。國家財政應該好好規劃，因爲任何的投資都可以帶動經濟發展和收入的增加，這樣子的投資才是應該做、持續做的事，而且還要有目的，例如中低收入戶、失業勞工、身心障礙者、原住民家庭的子弟學雜費減半或免費，這樣的出發點才是把錢用到正途。

在連戰的想法裡，當教育已不是窮人最後一道正義防線時，凸顯目前進行的多元教改是失敗的政策。台灣要拚經濟，就要順應知識經濟的發展，避免淪爲「只有有錢人才能受教育」。國民黨提出「負所得稅制度」，就是希望改善此一狀況。

爲了這個理論，連戰曾經邀請前靜宜大學校長、暨南大學資訊工程系教授李家同，就「伸張社會正義，縮短貧富差距」爲題發表專題報告。由於報告內容與當前的財富分配與教育改革的議題相關，因此引起中常委熱烈討論。連戰針對大家的見解提出自己的看法，他認爲台灣的貧富差距越來越嚴重，這是一項重要警訊，但多數人只是有感覺，沒有實際去了解。國家在面臨這些問題時，在產業政策上要有所調整，並加強眞正有效的社會福利。包括國民黨智庫推動研擬的中低收入戶兒童津貼政策，乃至於參考國外研究中的「負所得稅」制度（亦即當家庭收入低於某一門檻時，政府應直接給予適度的家庭補貼，以維持最基本生活所需），値得推動。

教育補助，隨時空變化而有不同

關於高學費議題，連戰有一次遭受抨擊。原因是民進黨副秘書長李應元質疑高學費是「六月刈菜假有心」，民進黨團更以連戰在一九九九年五月十八日稱「教育不應由政府補助」，質疑連戰現在主張助學貸款零利率，根本不可行。

民進黨黨團執行幹事長陳景峻也羅列相關數字指出，從一九九九年國民黨政府執政時公立大學學費調高百分之九點一八，私立則是百分之四點七二，但從二〇〇一年起民進黨執政到現在，公立大學僅調百分之二點零五，私立僅調百分之零點零九，對藍軍頻指扁政府高學費，他強調數字會說話，民進黨也一直對弱勢團體進行補助，中低收入戶目前就讀大學者，公立補助一萬元，私立一萬六千元，國民黨不要瞎掰。

而對國民黨要求助學貸款應採零利率，陳景峻指出政府已在研議，黨團幹事長陳其邁則表示，國民黨稱助學貸款零利率約需五、六億元，但政府推算是至少要花十餘億元，他質疑國民黨根本是亂算。

李應元則強調，從陳總統到游揆都是苦學出身，陳總統是佃農之子，游揆到廿三歲都還在種田，卅五歲才唸完大學，沒人比扁、游瞭解高學費的痛苦及透過教育往上流動的重要，而教改十年，吳京等教育部長，連戰行政院長就當了七年，教改錯誤的源頭都是從那時開始的，民進黨政府並沒有因此逃避問題，他強調扁、游辛苦人出身，最知辛苦人心聲，而連戰只出一張空嘴，一切都是爲選舉。

事實上，連戰過去提出政府不應補助教育，當時指的是不對學校進行補助，不是只對個人的補助。過去的經濟也不像現在這樣不景氣，現在經濟衰退，民眾負擔不起學費，政府就該多負擔一些，這是治國的基本理念。

連戰感到很冤枉的是，民進黨並沒有搞清楚，當時連戰談的是不補助學校，而不是說不補助個人，那時的經濟發展好，民眾所得增加，調高學費有空間，但是現在經濟不好，政府就當然應該多負擔一些。

宏觀思考

4

西元一千年，中國北宋時代，提出「先天下之憂而憂，後天下之樂而樂」的范仲淹正是十五歲；十九年及二十一年之後，司馬光、王安石先後出生。這些人物及他們的事蹟，充分地表現出中國知識分子「以天下興亡為己任」的典範。

一九○○年，也就是二十世紀開始的時候，北京被八國聯軍占領，此時臺灣淪為日本的殖民地已經五年，無論是大陸、臺灣，都是生存在列強的凌辱之下，當時世界各國對中國人或中國的刻版印象，就是懦弱、愚昧、低劣，我們不必為自己粉飾過去。還好在二十世紀上半葉，我們國家先後在　國父孫中山先生及先總統　蔣公的領導下，一代代的青年人拋頭顱、灑熱血，推翻了滿清帝制，建立民國，更經過八年浴血抗戰，全民一條心打敗日本。不幸的是在八年抗戰後，國家又再一次陷入全面的內戰。

二十世紀的下半葉，這五十年期間，中國大陸由中共政權統治，中華民國在臺灣地區建設發展，國家雖然處於分治狀態，但是我們一直深信中華民族並未分裂。

今天我們處於極大的變局中，必須由大格局、宏觀的角度來思考，不可由小格局層面來考量。

何謂「大格局」？擁有大格局思考的人，在重大關鍵問題的思考，不只是考慮自己，也要考慮別人；不只是考慮今天，更要考慮明天；不只是考慮這一代，更要考慮下一代；不只是考慮到自己的家園，也要考慮到別人的故鄉；不只是接受，也要付出；不只是批評，更重要的是嚴以律己。

——連戰與青年對談「二十一世紀遠景」

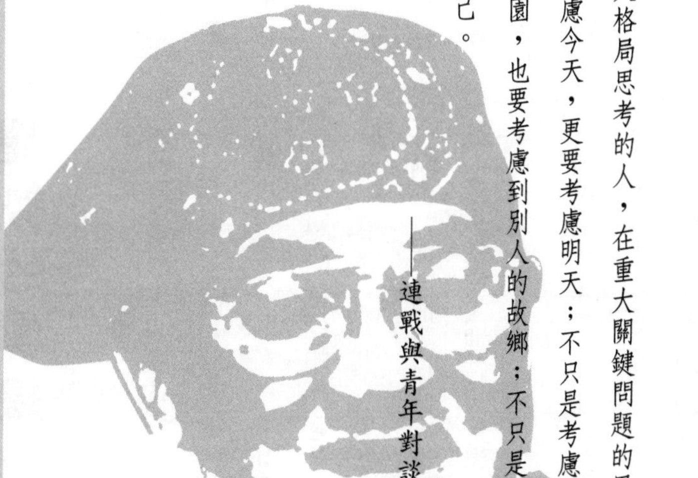

大格局的思考，大趨勢的掌握

連戰擔任行政院長的時候，在一次面對青年學生的場合裡，提出了他的大格局思考。這篇演講是很難得的歷史文獻之一。它說出了連戰相當多的人生哲學。

一位曾來臺灣訪問過的麻省理工學院教授梭羅（Lester Thurow）曾明白地指出，二十一世紀是以德國爲主的世紀，美國哈佛大學的杭廷頓（Samuel Huntington）教授，強調二十一世紀將是歐洲的世紀，但也有學者，比如「大趨勢」（Megatrends）的奈思比（John Naisbitt）教授，想法就不一樣。他認爲西方世界需要東方的地方，遠比東方世界需要西方的要來得多。東方，尤其是亞太地區，透過經濟整合以及強化科技發展，將使二十一世紀成爲亞洲的世紀。

此外，「宋氏王朝」一書的作者席格列夫（Sterling Seagrave），特別提到西元二千年恰好是中國的龍年。因此，大家應可預想得到，二十一世紀也是一個龍的世紀，是屬於中國的世紀。除了這些學者之外，還有些人從另一個角度來看未來的世紀，形容它是「資訊的世紀」，或是一個「環保世紀」、「無國界世紀」，乃至於「終身學習的世紀」。連戰認爲怎麼說都對，總之，廿一世紀一定會有很大的競爭。

在連戰的認知裡，從一九五○年到一九八○年三十年間，中華民國在臺灣的發展，經濟方面的成就，是很明顯的。在這一段期間，我們有很高的經濟成長、高儲蓄及快速成長的對外貿易，國人所得相當平均，物價非常穩定，失業率很低，把落後的中華民國轉變成新興工業化國家，一九九一年以後，在過去十年間，我們的民主改革又再向前推進了一步。主權在民的理念，慢慢深入人心之中。接下來，台灣又從「寧靜革命」，達到憲政改革的目的。這是一件非常了不起的事，總和起來這是第一波的臺灣經濟，成就大有看頭。

連戰認爲，我們應該想一想的是，照這樣看來，這是否都是成功的經濟？因爲在政治層面上，金錢或暴力影響了民主化的過程，是很明白的事；而在經濟層面上，政府過度干預，市場過度保護，競爭財相對落伍，加以生活品質及基礎建設有待提升等問題，使得關心亞洲發展的歐美及國內大部分的學者，都提出質疑。亞洲，尤其是包括臺灣在內的東亞國家，是否已逐漸緩慢、疲憊，甚至已達經濟發展即將終止的地步。

那時，MIT的克魯曼教授（Paul Krugman）在「外交季刊」上寫了篇文章，叫做「亞洲奇蹟的迷思」，他認爲我們過去的發展乃是因投入大量的資金及人力，所以成就非凡，但是質量卻有不均的現象。雖然我們投入很多，質的方面卻不見提升，因此效率、生產力並未進步，根據所謂「效用遞減」理論，國內經濟成長在到達某一階段時，將會面臨無以爲繼的情勢。連戰認爲過去我們沒注意到效率、生產力的問題，所以才會造成此一現象。

提升生活品質，人人才能快樂

連戰認爲，從宏觀的角度來說，政府如果要脫胎換骨，就必須在政治、經濟、文化、教育、社會建設各方面全盤提升效率、生產力及開展新的作法，才能提升生活品質。爲提高國家的競爭力，連戰在執政時，就會督促屬下擬具了一百三十九項具體的目標和進度，予以量化；同時，時時衡量檢討我們的成就、失敗和瓶頸在那裏，然後適時加以改進。

在連戰的想法裡，要在大格局思考下爲中華民族未來建構一個値得追求的願景，就應積極地推動這項政策，除了要強化過去改革的成就外，更重要的就是希望集合所有的力量，來鎖定此一目標，使國家的民主制度更加成熟，每位國民活得有尊嚴，經濟維持中度的成長，使大家都能過著小康富庶的生活。同時提升生活品質，每個人都能快快樂樂地生活在這一個國度裏，希望我們的社會更公平、更有正義，大家能和諧相處，兩岸的關係也能改善，使大家都能在安定的環境中快樂生活。尊嚴、安定、快樂、和諧及富庶的生活，正是台灣未來需要努力邁進的目標。

美國國務卿海約翰（John Hay）曾做過一個動人的預言：「地中海是昨日之海，大西洋是今日之洋，太平洋是未來之洋。」臺灣是受太平洋撫育的海島，連戰一直希望要讓它孕育出年輕人的豪情與大愛，追尋中國人揚眉吐氣的遠景。

連戰認爲，在他多年來的執政經驗裡，當年我國並未形成高學歷、高失業率的現象，但是季節性、局部性的失業，卻無法避免。不過，現在情況似乎已經惡化了。

舉例來說，台灣教育的發展，該設立什麼大學、什麼系所，並不是要設立就設立的，都是根據整個人力的需求、地區的需求先做預估，每一年都經過教育部、經建會、研考會和許多學者專家共同研究。因此，一個科系應不應該設，它未來對國家社會的需求等，都有相當精細的推估。但是每一年畢業的時候，仍有不少人求學就業發生困難。其中有的是季節性的，有的是結構性的失業。許多年來，我們都可以看到，六月、七月、八月是最巔峰的時候；過了這個時段，就又開始減低。爲什麼呢？大家都很了解，因爲就業機會需要安排、消化，也有人準備深造或出國，所以暫時賦閒，不算失業。至於所謂結構性的失業，是「學」和「用」沒有完全聯結起來，那是「考試」或「甄選」

的過程，無法完全避免，所以才有這樣的情形。

有一次，連戰在演講結束時，有一位臺大國際企業系四年級的學生提出問題。這位學生將代表中華民國前往布達佩斯參加世界模擬聯合國會議，基於他個人參加國際活動的經驗，他發現臺灣學生國際化起步太慢，參與國際活動太少，所以他想知道是否有具體作法能夠培養學生的國際觀，讓更多學生有機會在國際舞臺上展現實力。於是這位學生向連戰請教。

連戰鼓勵這位學生出去看看。因爲有機會到國外去多接觸接觸，自然就是一個學習的過程。他建議其他的學生也能多出去看看，不一定是參加國際會議，像日本的海外協力隊、美國的和平工作團，就很有意義。他甚至想馬上安排兩億的預算來推動這件事，讓大家都能有機會到海外工作、付出、學習，這本身就是一個成長的過程。換句話說，連戰鼓勵青年朋友到海外去的目的，並不只是開國際會議而已。事實上，是藉以增加宏觀思考的能力。

限制總統出生地，開民主倒車

台聯曾經一度有修正選舉法限制總統候選人必須在台灣出生的說法，這對連戰來說，顯然是一種排斥他參選的條款。

連戰認爲這種說法，簡直不可思議。他認爲是「希特勒式」的把戲，醜化台灣民主，製造國際笑話。因爲當年希特勒(Hitler)仇視猶太人，規定具有四分之三以上猶太人血統者，均視爲猶太人，列爲消滅對象。如今台灣已是民主開放的社會，爲選舉竟有人蓄意製造仇恨、學習納粹法西斯醜陋行徑、挑撥社會族群對立、大開台灣民主的倒車，實在太不像話。

連戰認為國民黨在台灣苦心經營已有五十多年了，民進黨居然批評它為「外來政權」、「反台」、「賣台」，實在不可理喻。他認為國民黨在台灣草根性很重，從地方基層選舉結果可以證明，為選舉而刻意對國民黨造謠中傷，無異開台灣民主的倒車。

連戰對小兒科的限制總統出生地說法，非常不以為然，主要是因為他認為國家的領導人必須有「大格局」的想法與作法，例如當連宋合的時候，很多人都批評親民黨主席宋楚瑜「願當總協調角色」的說法，認為連戰只想當總統，卻放任宋楚瑜掌大權，充當比行政院長還重要的大官。

連戰認為，他和宋楚瑜從未談到這方面的問題，但是大家「用常識去想」，國親合作難道不必要有人協調溝通嗎？他奉勸執政的民進黨不要老是無中生有、挑起衝突。

在連戰的想法裡，國親兩黨面對總統大選，只想全心全力打贏選戰。他和宋楚瑜之間，沒有「事先的安排」，國家的領導人必須有大格局，但要推動政策，必須動員所有人的力量。宋楚瑜有相當的行政經驗，他協助總統是應該的，國親兩黨都是有主體性的政黨，談合作，不必溝通協調嗎？當然是有必要的。即使由宋楚瑜來擔任總協調角色，也沒什麼不妥的。所以，對這種說法，他認為選後就可以得到印證了。

用老幹穩住大局，由新枝開創未來

在國親合作的過程中，連戰的腦海中一度也曾盤旋過另外一種選擇，但如果國親共推一組人是大家共同的期待，他願責無旁貸的負起責任。

連宋配成局後，各項民調顯示連宋配領先扁呂配，對這一點來說，連戰認為此一訊息顯示國親合作是大家的期待。於是，他就認為應當義無反顧了。國民黨中常委劉兆玄曾經提出，陳水扁在逆境中經常會有突出的表現，國民黨不可以被現在的民調結果沖昏頭。對劉兆玄的說法，連戰也有個破解之道，就是未來將大力提拔年輕世代。一定要放手讓年輕世代負起更大的責任，要大膽用人，產生氣象萬千的形象，用老幹穩住大局，由新枝開創未來。

連戰認為自己繼續參與政治不是唯一的選擇，但從大格局著眼，他的退縮解決不了問題，為了推動二次政黨輪替，若全黨同志覺得他可以承擔這個重任，他義無反顧，但也要注重黨內的民主程序。國民黨要表現出大格局，未來要打一場高格調的選戰，而不是過去那種口水、灑狗血的相互污衊方式。

由此看來，連戰是胸有成竹的。

由大格局著眼，從根本處用心

二〇〇二年國民黨提名馬英九競選連任台北市長的時候，連戰就提醒馬英九要有危機意識，要步步爲營；當時馬英九也以「讓台北成爲台灣的驕傲」宣示競選連任決心，強調有十足信心爭取再做四年，也期望競爭對手共同追求優質民主。

那時連戰主持國民黨台北市長提名人介紹會時，肯定馬英九上任三年半來的表現，他表示在過去這兩、三年以來，台灣面臨經濟衰退的大環境，但是馬英九服務台北市，所累積的施政績效，獲得高達百分之七十四的市民支持、肯定。連戰特別提醒馬英九的團隊及所有市政府的工作同仁，大家要同心同德、不驕不餒，並且一定要戒愼恐懼來沈著因應競選連任的挑戰。當時，連戰就告訴馬英九：「你將面對一個挾有龐大行政資源的競爭團隊，我們沒有辦法掉以輕心」。

北高選舉一役後，雖然國民黨政黨的民調支持度和黨主席連戰個人受肯定度都大幅提升，但選後的連戰沒有被掌聲沖昏頭。對於未來二〇〇四年大選更是呼籲黨員，「爲了成其大，國民黨不能自己關起門來搞，一定要和別的政黨合作」。

選後國民黨士氣大受鼓舞，在泛藍盟主地位漸形確立後，黨內部分人士對於國親合作、連宋配遲遲無法敲定，而漸失耐心；加上台北市長馬英九的超人氣現象，黨內不乏主張二〇〇四年總統大選國民黨自己來的呼聲，外界也有拱馬的一些想法。

不過這些都沒有打亂連戰的步伐和大格局。因此，北高選舉結束後，他立即與黨內五位副主席溝通，也與馬英九面談，表明他和親民黨合作的想法，取得共識後，才與宋會面，並對外宣示國親共推一組人選，及組執政團隊的共識。

連戰認爲，所謂共推一組人選，要國親兩黨來配才是最接近的定義，也就是要「共組一組人選」，不能國民黨自己關起門來玩，不可能國國配。他輕鬆打趣說，「國民黨自己玩不好玩」，要成其大就要和其他政黨合作，一句話把「連馬配」或「馬吳配」等可能選項都排除了。

連戰堅持與親民黨「一起玩」的態度明示之後，態度就一直沒改變過了。自從國親開始合作以來，連戰的立場始終非常明確，這種不搖擺的人格特質，在當今政壇中是很難能可貴的。也因爲他的這一特質和堅定立場，穩住國民黨，避免黨內人心浮動，也使泛藍選民對國親整合仍有期待。有了期待，事情就好辦了。

連戰由大格局著眼，從根本處用心，使得國親兩黨終於盡棄前嫌，重歸於好。

以誠意與正道爭取全體黨籍立委的團結

連戰當年在他被提名行政院長而在立法院的一次閣揆同意權審查會中，他報告施政理念時，將當前的時代形容爲「發揮力量的時期」。

他把四十餘年來國家情勢的變化，做了一番闡述，最後將它稱做「發揮力量的時期」，聽起來頗合情理；但是，有人也發現，理念混沌、價值錯亂、方向迷失、人心傍惶，竟也是這個時代的明顯象徵。

當二屆立委選舉結果揭曉之後，各界都

認爲我國已正式進入政黨政治的時代。獲得百分之三六的選票、在立院擁有五十一席的民進黨，不但已具備與執政黨競爭的條件，而且也已成爲國內政黨政治的運作主軸之一。基於反對黨「監督與制衡」執政黨施政作爲的天職，本來，民進黨對國民黨提名的閣揆人選投反對票，也是政黨政治中的正常現象，而國民黨動員與要求全體黨籍立委，對黨的閣揆提名人投下同意票，也是天經地義的事。然而，以那時的情況來說，問題還眞不少。

連戰的施政理念報告，在當時的輿論評價裡，被認爲是條理分明、頭頭是道的。不過，在他的施政報告理念中，最重要的還是在未來如何奠定政黨政治的問題。事實上，只有建立政黨政治「監督制衡」的常態法則，才看得出一些成效，成爲其他一切國家建設的保證，才能成就一個「發揮力量的時期」。

事實上，會造成這種情況，主要是因爲國民黨內部的路線、方針，乃至人事、流派之爭，解決不了的關係。所以，黨內高層權責人物怕流失立委的贊成票，影響連戰通過立院同意權的考驗，才直接間接爭取或「協調」民進黨的票源。但是，也就是因爲這樣的作法，有些人非常「感冒」，認爲怎麼可以把國民黨與民進黨的分際搞亂了呢？不過，平心靜氣來說，絕大多數民眾期望政局回復安定、而政局安定又有賴政黨政治正常運作，這對連戰毋寧是一種極大的挑戰。

於是，連戰認爲，如果不能以誠意與正道爭取全體黨籍立委的團結，反而因勾串民進黨，而引致黨內的反彈與疑慮，甚至引發「政治分贓」的批評，那就很不好了。

連戰是個很重視「大格局」的人，在當年閣揆同意權審查會上所發表的施政談話，講得相當好，那時果眞獲得多數立委的認同。中華民國當前最重要的課題是在維護辛苦建立的民主政治，而維護民主政治的首要前提是健全政黨政治。但現在的政治形勢則可謂是「政黨瓦解、流派猖狂」，不只是政黨制衡的常理已經不見了，甚至更衍生出流派分贓的疑慮。於是在這樣相互猜疑的政治危機中，又如何能夠成爲一個「發揮力量的時期」呢？

從那一次立法院行使閣揆任命同意權的歷史過程來看，不僅是朝野兩黨風格氣質的重大考驗，更是連戰人生哲學的體現。

開辦全民健保，最具遠見

馬英九曾經說過，台灣總統選舉後，不論誰當選，兩岸都要馬上進行談判，絕不能讓新手上陣。

馬英九這樣說，主要是在爲連戰造勢的。因爲在他的眼中，連戰已有多次與中共交涉、談判的經驗，又具有遠見，當然適合擔任總統。

舉個例子來說，像當年衛生署長是無黨籍的張博雅，連戰仍克服所有障礙，堅持實施全民健保制度，這個連美國至今都無法實施醫療保險制度，台灣卻已經落實了，民眾不必再怕生重病或無法負擔沈重的醫療費用，這個遠見與功勞，應該是給連戰的。

馬英九這樣的說法，是最能抓住連戰優點的了。連戰無論如何都要把「全民健保」推出的決心，是非常有遠見，同時也是大格局的思考產生的。

一九九五年三月一日，時任行政院長的連戰，出人意表地毅然宣布開辦全民健保，讓台灣成爲全世界第七個開辦全民健保的國家，也讓台灣人可以驕傲地喊出「日本不能，美國不能，我們能！」

不過，開辦當時曾亂成一團，正如官員們說的：「早實施或是晚實施都一樣有爭議，大家慢慢適應就好了。」如今台灣人早已適應全民健保，也的確有些人因而得到較妥善照顧。

連戰對他自己任內開辦的這項德政，也很得意。有一次在桃園縣參加健保五週年晚會時，他就表示，當年獨排眾議推動全民健保，至今成功的照顧了千萬民眾，其他敵對陣營的人雖然對他一味批評抹黑，但不能否認健保也照顧他們的父母子女。

在一項由中央健保局主辦的敬老聯歡活動中，當時的李登輝總統致詞時表示，全民健保自開辦以來，大部分未納入社會保險傘下的老年人都獲得了公平就醫的機會，這個政策不僅使全體國民得到完善的醫療照護，我國也因而邁向福利國家之林。

這說明了當年李登輝總統也很滿意連戰的施政作爲。

全民健保制度的實施，是我國跨入福利國家之列最爲重要的里程碑。在進行全民健保審議階段時，各界的意見紛歧，導致時間也拖了幾個月。本來是預定一九九四年年底前實施的全民健保，爲了必須等各種醫療給付原則確定、年金的赤字計算完畢之後，政府再將全民健保一次納入定案，好比做一個十層大蛋糕，應該一開始就做好十層基礎，

料不足而陽春沒關係，日後有餘力再加花樣；否則，只有五層基礎不穩蛋糕，日後還要硬加，後果堪虞。諸如此類的論調極多。

至於全民健保實施的程序，是一九九四年年底將先開辦勞保配偶、父母眷保，半年後再辦子女保險，預計一九九四年年底，全台灣百分之七十六的人口都納入健保。以後再求進步、強化它的功能及普及範圍。換句話說，在連戰的眼中，全民健保是政府施政重點，不僅攸關全民福祉，對於政府財政與經濟發展，將產生深遠影響。他要求政府相關部會緊密合作，儘速協調立法院完成農、勞保條例修正案；全民健保支出要審慎規劃、切實執行；並研擬將現行各種保險的現金給付與年金制度相結合。

那時每當連戰巡視衛生署時，他都強調實施全民健保的決心不變。他希望行政單位除了加快規畫腳步之外，也要注意與立法部門的配合。

由於全民健保的開辦目的之一，是希望能使各地區的醫療資源均衡，所以連戰曾要求衛生署能多扶助醫療資源不足地區興建醫院或診所，同時也要加強各醫療機構的管理，並儘量不讓醫療費用上漲。

連戰推動健保，是克服一切困難完成的。他的決心與毅力，都是令人驚異的。

國親合作

5

大家看看這三年，少數政府、一人政府取代全民政府，白金政治和黑金共生取代了台灣「清廉政治」。台灣的經濟衰退、景氣蕭條、失業率居高不下、治安敗壞、社會不安、民眾無法安居樂業，在政治領域中看到選舉考量凌駕一切，造成國家公共政策規劃和實施遭到嚴重扭曲。而意識形態治國影響國家決策，讓台灣的國計民生受影響，政府缺乏人才，又不尊重專業，使施政能力和績效大打折扣。

國民黨是創建中華民國的政黨，見證台灣經驗和奇蹟，不能對台灣走向沈淪、危機視而不見，此時此刻唯有勇敢站出來，結合全國同胞，共同努力實踐第二次政黨輪替。

第二次政黨輪替並非代表那一個政黨上台或下台，而是要看那一個政黨能否走在中道價值上，團結全國人民，振衰起弊，重建國家，恢復政府施政能力和公信力，以及恢復台灣社會的生命力和提升國家競爭力，這才是第二次政黨輪替的重要意義。

「機會」是給準備好的人，「時代」是給腳踏實地辛勤耕耘的人，「執政」是要給

有執政能力和有能力經營的人，幸福則是要給珍惜幸福的人，但是過去三年來，民進黨錯失台灣人民給他機會，也辜負人民對他們的期待。在此時刻，相信台灣二千三百萬人民一定會做明智選擇，讓失敗之後能夠徹底反省檢討的國民黨再次為全國同胞服務奉獻犧牲，讓得到政權卻馬上腐化，有權力驕傲的民進黨能有足夠機會自我反省和檢討。

——連戰在國民黨第十六次全國代表大會第二次會議開會典禮中致詞

推動二次政黨輪替，鞏固民主化

拉丁諺語說：「機會的頭前有髮，腦後無毛。它在身前，便可將它擒住，一經逃走，就捉不回了。」

納爾遜(Wilson)也說：「時常說沒有機會的人，就是意志薄弱者。」

國民黨是創建中華民國的政黨，曾經在二OO年失去連續執政的機會。國民黨是敗了，但這也讓國民黨和國家、社會付出的代價是非常重大的。

他認爲「政府」的英文原意是「領航者」，凡事必須從長遠之處審慎考量，高瞻遠矚，把有限的資源做妥善的處理，以預防突來的困境。但他認爲民進黨做得不好，一切以選舉爲考量，越來越缺乏理性探討，所以必須推動第二次政黨輪替，讓民主深化，讓國家回到軌道。這也是國民黨要向全民提出的承諾和保證。

在連戰的想法裡，第二次政黨輪替也代表民主政治的責任。中華民國憲法明確規定總統任期四年，因此到總統任期結束時，民眾要檢驗，看總統的能力夠不夠？做得好不好？對民眾的託付是否交代得過去？如果是肯定的話，當然支持；如果否定的話，民眾當然有權選擇另一個政黨和政府。

第二次政黨輪替，也是一個國家民主化過程中不可避免的階段。國家是否有眞正的具備民主，必須經歷第二次政黨輪替。另外，第二次政黨輪替也是民主深化不可避免的方向。

連戰主張結合所有志同道合和理念相近的朋友，共同努力，然後網羅菁英份子和最好的人才爲國家建立治國團隊，在多元、包容的社會中，拋棄所有意識形態和口號，全力建立優質、民主、多元化的民主社會。如此一來才能眞正爲台灣找回幸福，讓人民看到希望。

厚待競選搭檔

國親合作之後，連戰的肚量曾被各界稱道。他對宋楚瑜的拉拔可說不遺餘力。

就在宋楚瑜四年前宣布脫黨參選總統的同一天，國民黨舉行歷任黨務主管的一項餐會中，連戰特別邀請宋楚瑜回到國民黨中央黨部的娘家。一般來說，那是很尷尬的。因爲宋楚瑜當年畢竟是被國民黨開除的。何況曾扮演對宋楚瑜開鍘角色的前考紀會主任簡維章，也在餐會受邀之列。所以宋楚瑜應邀出席時，有點近鄉情怯。後來在連戰熱情引導之下，宋楚瑜終於在熱鬧的晚宴氣氛中，慢慢適應了。

其實，這是連戰刻意安排的。爲了營造國親團結形象，近年曾公開倡議「連宋配」的國民黨大老李煥、倪文亞等人都出席晚宴，而曾任院長的許水德、邱創煥等人也都與會。曾在一九九六年離開國民黨參選總統的前監察院長陳履安也在受邀之列，這場餐會是泛藍陣營黨務高層人士的重要聚會。

在連戰的想法裡，他就是想打破宋楚瑜與國民黨之間的一些情結。讓宋楚瑜回到國民黨中央黨部，並沒有戲劇化的進場儀式，連戰讓宋楚瑜的座車直接駛入黨部地下停車場，隨即搭電梯直達會場。宋楚瑜回到暌違已久的黨部，看到多位昔日提拔他的長官，都趨前握手致意。連戰看到宋楚瑜抵達會場，就以主人身分表示歡迎之意時，他極力招待宋楚瑜，試圖化解宋楚瑜被國民黨開除的尷尬，以凝聚國親合作的良好關係。連戰是用心良苦的。

不僅如此，他對宋楚瑜在興票案中所受的委屈，也設法代爲澄清。

在國親合作之前，連戰爲了解除宋心中芥蒂，特地召開了一次記者會說明「興票案」，由國民黨行管會主委張哲琛強調「興票案」的錢來自於政治捐獻，而非國民黨所有。依據張哲琛私下出示宋當時提存法院的提存書顯示，該筆錢的確只有李登輝與宋楚瑜之間的委託關係。

據說宋楚瑜對國民黨並未在興票案上給予澄清、還其公道而耿耿於懷，因此連戰在與徐立德、林豐正及張哲琛及相關律師共商後，決定以記者會公開澄清方式，解決宋楚瑜所認爲的國親合作的「障礙」。這也正是連戰欲爭取宋楚瑜信賴的一項決策。

也有人說，這正是連戰度量大的地方。中華民國副總統角色，在這些年有了很大改變。早期副總統大概都跟李元簇差不多（李宗仁除外），不是沒有聲音的人，就是聲音很小的人。陳誠、連戰雖然曾經兼任閣揆，但在政治強人光環下也是分貝不大。呂秀蓮擔任副總統，本來還要求跟阿扁「兩性共治」，阿扁非但不領情，更以「副總統不是半個總統」予以駁斥，呂秀蓮也無可奈何。

可是，宋楚瑜就不一樣了。連戰對他是相當寬厚的。根據國親兩黨共同協議，他有權與連戰共同決定重要人事（當然包括閣揆），甚至還傳出他自己要兼任閣揆的「密約說」；宋楚瑜還自創「總協調」角色，未來「總協調」要做什麼，恐怕只有他自己知道，因爲連戰都還沒有聽說，可見得連戰有多麼寬宏大量！

特別是國親合之後，從泛藍若執政保證二年內加入ＷＨＯ，到擔任府院黨的總協調等等發言，宋楚瑜的快人快語，讓一向謹言愼行的連戰也顧不得表象的和諧，坦承宋楚瑜所言他事先都不知情，這也是連戰在寬宏大量之外，也有誠實的一面的明證。

有能力的人，不會讓他閒著的

這世上有兩種人永遠在原地踏步：一種是不肯聽命行事的人；另一種則是只聽命行事的人。如果這兩種人太多，都不是國家之福。

國親宣布「連宋配」，預計二〇〇四年如果獲勝，就準備合組聯合執政團隊，所以閣揆人選問題自然很受到注意。在這一點上，連戰曾經多次說「宋主席是人盡皆知的『行政』幹才」，勇於任事，他不僅會尊重宋主席的意見，而且一定會借重宋主席的專長，爲國家多負點責任。

在連戰的經驗裡，他做過副總統，「前兩

年兼任行政院長，後兩年忙於競選，」副總統要作什麼，他最了解。所以他公開說「我向大家報告，絕對不會讓楚瑜兄賦閒在家。」

更明白地說，假若二〇〇四年當選，他將依據中華民國憲政體制，落實雙首長制。事實上，這也是親民黨最大的期望。但一度因爲國民黨增設財經專長的立法院副院長江丙坤爲副主席，外界解讀江是二〇〇四年勝選後閣揆的人選，引發親民黨反彈，批評國民黨對總統、閣揆及內閣一把抓心態可議。連戰後來頻頻肯定宋楚瑜的行政才能，被視爲對親民黨釋出善意。只是話並沒有說得太滿，以免將來很難處理。

當選後訪問大陸、落實雙首長制，這是連戰在國民黨十六全大會許下的承諾，預料也將成爲未來一年競選總統的主要訴求。這兩件事正是扁政府執政三年以來做不到的，所以絕對是一個好訴求。

連戰以這兩件事爲訴求，可以有加分效果。不過，也有人說，這兩件事也是雙面刃。當選後訪問大陸，當然是好事，可是，在選舉之前，如果中共方面釋出過多回應，甚至於中共方面過早將連戰訪問大陸給定了調，而民進黨又對此加以攻擊，對連戰的選情反而就不妙了。畢竟台灣民眾在樂見兩岸領導人互訪的同時，也很在意台灣的主體性。問題是滿複雜的。但無論如何，光是連戰一個人是成不了大事的，所以，這一件事，到時他也要授權讓有能力的人來做才對。

連戰的觀念一直是選出有能力、遠見、經驗的團隊，台灣人才算眞正出頭天。他也頻頻強調，國親合作沒有絲毫一黨之私、一己之私。在他與宋主席推動國親合作的過程中，偶而聽到執政的民進黨批判他們是密室政治、權力分贓，他很不以爲然。

在他的看法裡，二〇〇四年的總統選舉是非常重要而且是關鍵的選舉，絕對不是誰上台、誰下台這麼簡單、表面化的問題，台灣只經過一次政黨輪替，還無法提升民主素養，第二次政黨輪替是讓台灣更民主化必走的路，國親兩黨應該要把責任扛起來。「連宋配」的主要意義就是說：不論是誰出來參選總統，最多只有一個人當選，任何一個人當選，在國會還是無法過半，就算選出新總統，台灣還是一樣亂，人民繼續痛苦，所以唯有國親合作搭檔競選，台灣政局不安的問題才能解決。

另一方面，國親合作搭檔競選若能當選，可以說是一群經驗老到的「老手上路」，馬上可以爲國家、人民做事情，不會重蹈民進黨「新手上路」的毛病。

尊重憲法雙首長制

國親合作，曾傳出棄楚瑜要兼任閣揆的「密約說」。這件事儘管連宋都有澄清的舉動，但兩黨合作，本來即有各自的期許。

在親民黨方面，既無法取得總統的位子，讓宋楚瑜擔任行政院長，便是他們最大的期望了。

連戰宣佈當選總統後會遵守雙首長制，這樣的說法簡直是讓親民黨的人吃了定心丸，認爲連戰此舉不但充分尊重憲法，也顯示會充分尊重親民黨及宋楚瑜。

親民黨的人認爲憲法精神原本就是雙首長制，總統只負責兩岸、外交、國防，其他的就是屬於閣揆的權責範圍了。我國過去從沒有過政黨聯盟，在憲法精神下落實雙首長制，本來就是理所當然的。

所以，國親結盟後，將組聯合內閣也是透過兩黨決策委員會協調，而宋不但是親民黨主席，又是決策委員會召集人，將來包括閣揆、內閣成員，連戰雖是總統，在聯合內閣以組成多數政府之下，絕對會充分尊重宋的推薦及意見，親民黨根本不必擔心會被不公平對待。況且，副總統雖是備位元首，但總統仍可授權主持重要會議，或在總統府設一些任務型委員會，由宋負責處理。因此，連戰宣佈將恪遵雙首長制，既是尊重憲政體制，也是對親民黨及宋楚瑜釋出善意。

不過，連戰認爲台灣面臨五大課題，第一大課題爲憲政體制問題。民主憲政最大的課題，就是權力的節制與限制。民進黨執政後，由全民政府、而少數政府、而一人政府，將我國憲政體制硬拗，變成爲有權無責的大總統制。

連戰用一種比較的方式來說明國、民兩黨的不同：國民黨過去三年積極改造，從零開始，因此雖「輸掉了選舉」，但「找回了反省」；而民進黨執政後，則是黑金色彩愈來愈濃，「贏得了選舉，輸掉了人心」。

連戰認爲，黨再度執政之後，將以確立雙首長制爲目標，絕不濫用全民之名，行集中權力之實。只有總統帶頭節制權力、帶頭尊重憲政體制，才會讓政治變得清明些。至於雙首長制的問題，就要看國親聯盟的基礎穩不穩固了。如果國親勝選，而總統和行政院長同屬國民黨，那麼問題就比較單純。反過來說，如果總統和行政院長分屬國親兩黨，會不會產生更嚴重的政治風暴，那就要等著看嘍！

面向總統府，展現行動力

思想家曾經說過：「實踐是檢驗眞理的唯一標準。」這對於追求成功者而言，行動不但可以檢驗眞理，而且還是通往成功峰頂的唯一路徑。

連戰是一個很有行動力與決心的人，爲了展現重回總統府的企圖，刻意調整了國民黨常會廳的布局，將自己的座位，由原來的背對總統府，調爲面向總統府，這象徵著他爭取總統大位的決心。

其次，他也設法搞好黨內的關係。他首先在自己的一品大廈住所，宴請國親兩黨高層。親民黨與宴者除主席宋楚瑜，另有副主席張昭雄、秘書長蔡鐘雄以及立委劉松藩和鍾榮吉等四人，國民黨有立法院長王金平、台北市馬英九、秘書長林豐正及黨內大老徐立德，但王金平因爲在義守大學另有演講，未能出席餐會。

這項餐會是爲了傳出要由王金平擔任競選總部主委，兩黨內又有些異聲，因此飯局的功用也旨在化解一些誤會。恰好國親兩黨那時又通過由兩黨主席連戰、宋楚瑜搭檔參選第十一屆正副總統，於是宋楚瑜後來就公開稱呼連戰「連總統」了。

連戰搞好黨內的關係，還包括讓國親合、連宋配的行動，獲國民黨中常會一致支持肯定。國民黨特別召開臨時中常會通過備查「連宋會」簽署的共同聲明和備忘錄。與會的副主席和中常委們都熱烈發言肯定、支持這樣的發展，而且提出建言強化兩黨合作。

一般都認爲兩黨主席搭配參選，是問題最小、阻力最小、最容易成功，也比較容易化解黨內意見的一種組合，而且是短期間就可以搞定的，畢竟這是符合黨內外多數泛藍軍的意思。合作的結果對民進黨會產生很大的心理壓力，民進黨一定會設法利用「掃黑金」的機會，做出一些「特殊效果」來，例如想辦法抹黑國民黨，讓國民黨的選舉氣燄降低一些。

狄斯雷利(Benjamin Disraeli)曾說過：「行動不一定帶來快樂，但沒有行動便一定沒有快樂。」

在連戰的想法裡，不少人看好連宋配勝選機率，其實，連宋配的「對手」仍多。首先是陳水扁總統勢必結合包含前總統李登輝在內的泛綠力量，挾行政資源，甚至其他力量介入的優勢尋求連任。其次，連宋結合參選，象徵泛藍世代交替腳步放慢，牽動政治菁英論資排輩。此外，國民黨將把馬英九往哪裡擺呢？也是一個足以動見觀瞻的問題。至於立法院長王金平自謙能力有限地婉拒競選總部主委、蕭萬長連聯盟委員都不願意擔任，就是意在言外的關鍵了。連戰該如何讓所有人眞心誠意爲連宋配打拚，是一個很大的學問。這些思考點，連戰本人都是心裡很清楚的。

連宋共治，從選前以至選後的分工，都是大家關心的項目。兩人在二〇〇四年選前能否一直相敬如賓、合作無間，特別是帶領的兩隊人馬頭角崢嶸，能否一團和氣，這些都有待連戰用他的智慧去化解了。

設立網站，拉攏年輕族群

連戰上次參加大選時曾成立「ＹＥＳ２０００」選舉網站，當時花費一千萬元成立的網站在選後卻無聲無息的停止運作；隨著大選風雲再起，國民黨決定爲「ＹＥＳ２０００」進行變身，由組發會主委丁守中召集成立「數位選戰小組」規劃出令人耳目一新內容。

與四年前經費充裕的情況相比，國民黨此次經費拮据許多，「連站」的經費預算僅一百多萬元，與外傳民進黨花三千多萬元打造的新網站資源顯然相差很多，但「連站」經過精心設計，他們有信心一定能吸引到網路族的眼光。

連戰爲了爭取年輕人的選票，透過網路設立「連站」網站，希望重塑自己的形象，以拉近和年輕人之間的距離。連戰的女兒連惠心特別秀出連戰平常游泳時穿的紅色印花沙灘褲，「出賣」連戰一些不爲人知的小祕密。他也覺得很有趣。

「連站」網站在國民黨中央黨部一樓中庭舉行開站儀式，由站長連戰親自啓動，配合著饒舌歌曲的演唱，穿著紅色上衣的連戰也感染了年輕人的氣息，隨著歌曲節奏搖了起來。「連站」的設計重點在增加網路族對連戰的了解及表現連戰平易近人的一面，因此內容相當活潑多元，除最基本的連戰個人簡介，也訪問了連戰的周遭鄰居、警衛和里長，談談他們眼中的連戰是什麼樣子；連惠心更提供連戰幼年時期及居家的獨家生活照片多幀，讓大家看看連戰「稚嫩」的另一面。

連戰在網站裡以百變造型和網友會面，除了漫畫人物造型外，肌肉男、明星臉都曾出現，「連站」網站就是希望透過輕鬆、多元，以及趣味的資訊交流，讓他的生活和大家連在一起。連站網站規劃了許多「連戰精選」專區，只要入網站點選，即可一窺連戰的私人生活、人生小故事、成功小撇步等；到「連戰行事曆」，即可查詢連戰的行蹤，方便「追星」；有話對連戰說、想要知道政見，則可到「做伙開講」、「大家公投」、「政見宅急便」等專區。總之，明星化、年輕化的意圖很明顯。

由於連戰在四處下鄉拜訪基層的行程中，走訪過全省各地不少知名美食，「連站」中也特別設計一項「全省吃透透」內容，情商「TAIPEI WALKER」雜誌購買版權，設計成「TAIWAN WALKER」單元，介紹連戰走訪過的各地小吃、美食、特殊景點及連戰與這些攤商老闆們的合照，在輕鬆的氣氛中點出連戰也是個全台灣「走透透」的人物。

連戰本身是怎麼想的？在過去，一般人對連戰的嚴肅形象一直存在著，所以他也樂得女兒來做這樣的網站。

找回台灣精神

台灣有句話說「蕃薯不怕落土爛，只求枝葉代代湠」；同樣的，客家社會也有「硬頸的精神」及「勤奮打拚的精神」兩句話，連戰解釋這些話的意思是說，我們要發揮「台灣精神」，也就是吃苦耐勞、不認輸的精神，不管環境如何惡劣，都要有旺盛的生存意志力、腳踏實地、堅忍不拔、代代相傳。

連戰強調的是，台灣人出頭天絕不只是「只有一個人出頭天」，其他人卻過著貧窮、衰退的日子。二〇〇四年的選舉，台灣人一樣會選出一位台灣人的總統，但是這位新的領導者一定要有能力、遠見、智慧，帶領有經驗、有執行力的團隊來爲台灣打拚，這樣台灣人才算眞正的出頭天，才是眞正的台灣優先，才是眞正的台灣第一。當然，連戰說的是自己。他認爲，十幾年來，我們已經聽慣了「台灣人出頭天」、「台灣優先」、「台灣第一」等口號，這些都沒錯，但今天最要緊的卻是趕快找回「台灣精神」。

在連戰的理念裡，國民黨要在立法院要結合在野友黨和執政黨，心平氣和地眞正爲國家人民努力，各政黨立委應摒棄一黨之私，讓法律順利通過，改善台灣環境，建立公義社會。從各方面來評估，目前台灣一切都在衰退中。爲了使這一種情勢早日終結，也讓台灣找回過去的精神，因此國民黨和親民黨才會在二○○三年二月十四日正式簽訂政黨聯盟。

連戰的意思是，這些訴求是台灣社會絕大多數人民的共同心聲，若在野政黨不結合，力量就會分散，亂象還會持續。他認爲公義的社會，就是要讓社會資源合理分配；在地域上，讓各縣市均衡發展，在人的方面，則要讓弱勢團體能享有合理的資源分配。所以國親結盟，未來的治理國家藍圖就是要進行努力改善治安、推動多層次社會保險，更要向國民年金的總目標邁進，讓人民安居樂業。兩黨一旦合作，雙方自然會站在眞誠的協商和充分尊重的立場。

連戰心中很清楚，雖然有人不想看到國親合作，但如果用權謀、用利益分贓的眼光來看待在野政黨聯盟，那就是大錯特錯。過去這段時間，國、親兩黨協商雖然沒有公開，但是任何一次協商都只有一個方向，就是爲國家未來發展、爲台灣人民前途努力。

但是，連戰認爲國親結盟並非爲了奪權，而是不滿執政黨的施政而已。萬一國家突然發生意外危機，他們仍以國家爲重的。到時自會挺政府的。換句話說，一切都是爲了國家的利益著想的。在野政黨的結盟是爲國家、社會、人民的一種道義的結合，這只是結合的第一步，國民黨和親民黨還將結合社會上所有改革進步的力量，一起終結台灣的亂象。目前政府的施政和民眾期待有相當大差距，簡單的說，就是「政府施政不得民心」。但是也不能忽略民進黨政府執政三年，掌握龐大資源和體系，要紅包就給紅包，要媒體支持，媒體就支持，而國民黨已經在野，沒有任何資源可以憑藉。

舉例來說，美伊開戰之前，連戰當時就曾強調，最重要的是維護台灣本身的安全，包括經貿、財政、油源和交通路線的安全及維護，他相信政府會有妥善安排。萬一有緊急狀況，國親兩黨都會聯合起來幫助政府的。這個出發點，正是爲了全民利益。

執政重點不在年紀，而在能力

選舉可以得天下，卻不能治天下，不是新鮮好奇或創新就可以達成任務的。

民進黨不斷批判「連宋配」是老人政治，連戰強力反駁說，他是比陳水扁總統大十幾歲，但他和宋楚瑜的日子並沒有白過，不斷接受歷練與經驗，這才是執政最寶貴的資產，「如果是我們執政，就不會貿然停建核四，也不會貿然要消滅所有農會，更不會在今天要貿然消滅新聞局」。「誰能執政，重點不在於年紀而在於能力，在乎的是一個人的宏觀、經驗與智慧」。

事實上，連戰雖然是「祖父輩」，但陳水扁也是「祖父輩」的人，在這時，連戰要強調的正是「經驗老到」。

誰能執政，重點不在於年紀大小而在於能力，在乎的是一個人的宏觀、經驗與智慧。這一向是他的人生哲學。他雖然比陳總統年紀大一點，但是那些日子裡他是在政府各單位中歷練，努力學習著不同的經驗，不是在白白過日子的。年齡大，反而有利於施政的成熟度。

連戰儘管駁斥此一說法，但卻也很在乎這樣的說詞。所以當「連宋配」正式起跑時，連戰和宋楚瑜就很有默契地穿上深色西裝和紅色系領帶，兩人也分別作出年輕化的裝扮。連戰的鏡框比以前小了許多，顯然是經過造型設計的。他們在傳遞一個訊息，那就是：「我不老，而且很有活力」。

國親結合對陳水扁總統的連任之路威脅很大，民進黨決定易守爲攻來保住江山，「老人政治」、「黑金復辟」可是綠營套在藍營的緊箍咒，使國親兩黨或泛藍陣營，都感到極大的壓力。因此，努力擺脫此一包袱，連戰、宋楚瑜穿著變年輕了，很明顯的，就是想拉近他們和年輕人的距離。

據統計，二〇〇四年總統大選的選民人數達一千兩百萬，四十歲以下的選民約爲全部選民的半數。同時首次有投票權的選民增加了一百六十萬人。可見年輕人的選票可以左右選舉結果。此外，年輕選民在投票意向上比較游離，通常候選人一分耕耘就有一分收穫，年輕選民自然是兵家必爭之地。連戰爲了展現活力，他們在衣著和身體語言上已悄悄做了改變。他是很從善如流的。

馬英九，「功高震主」？

對連戰的起初選情有殺伐力道的一種說法是，影射連戰覺得馬英九有威脅，所以企圖打壓。

有的人乾脆就問連戰會不會覺得對馬英九的表現有「功高震主」的感覺？

事實上，連戰並不覺得。因爲他對於馬英九未來的角色與責任，會與宋楚瑜商量後再決定，不過他還是希望馬英九能夠有機會多參與「全面性」的選舉，以累積經驗。至於馬英九未來在「國親聯盟」與總統大選中的角色，那是一定非幫忙不可的了。

連戰後來提名馬英九爲國民黨的副主席，其意義絕非吸引青年選票而已，而是著眼安排馬英九在二〇〇四年總統大選後，接掌黨主席的先聲。國民黨和泛藍軍，已到了世代傳承的時刻。

就連戰的立場來說，總統大選若選贏，在黨政分離立場下，勢必卸下黨主席職務，否則一定會被說話。而放眼國民黨內的人氣王，又顯非馬英九莫屬了，一般也認爲馬英九是泛藍軍未來角逐總統的不二人選，由馬英九來接任黨主席是很自然的思考。只是，接黨主席之前，必須先讓馬英九對黨務工作嫻熟，接任後更容易上手，讓馬英九先擔任副主席，確實有其必要。這也是連戰的考量點。

萬一總統大選不幸失敗，連戰自無第三次披掛上陣的道理，連戰也必須將黨主席交棒，由馬英九來整合泛藍軍，角逐二〇〇八年總統大選。雖說黨主席須由黨員選舉產生，非連戰所能私相授受，但以馬英九的人氣，贏得黨內選舉是不成問題的。

所以讓馬英九接任副主席，絕非像他自己所說的「位置不重要」，反而有時間上緊迫感的重要意義。馬英九雖是國民黨最後一個被任命的副主席，卻是接任黨主席第一人選。他爸爸馬鶴凌也早就期望他的寶貝兒子會有當選總統的一天！

連戰除了讓馬英九接任副主席之外，並將江丙坤提名為副主席，以凸顯國民黨的執政能力，馬、江的人事提案，連戰在「其他重要事項」的議程中，依主席的職權提請全會同意。

在連戰的想法裡，整個副主席的團隊會因爲馬英九的加入，更具整體代表性，兼具老中青三代，而馬英九提升其黨內政治地位，也有助於馬英九能在黨內負責更多的政治任務，包括這次的總統大選，連戰必須藉由馬英九撐起年輕選票的重任。凡此種種，都是妙招。

據說把江丙坤突出於重要政治位階，則是凸顯國民黨的執政能力，馬英九任副主席後，在此次大選布局中，將負責北部及年輕選票，而蕭萬長負責雲嘉，王金平負責高屏選票，吳伯雄負責桃竹苗及客家選票，而林澄枝負責東部及婦女選票。江丙坤將主責工商界的票源。這就是連戰的如意算盤。

以「台灣傳人」對抗「台灣之子」

在選戰中，創意是很重要的。

由於連戰在國民黨十六全大會上發表的競選宣言，外界反應很好，很多地方黨務主管建議翻成閩南語版和客語版廣爲傳播。因爲連戰不會客語，所以客語部分只在中廣客語台播放。閩南語版則由連戰親自發音，重新製作，在電子媒體播出。

國民黨這一次準備運用文宣把連戰定位爲「台灣傳人」，來和阿扁的「台灣之子」稱號打對台。

連戰到雲林北港參加朝天宮的「媽祖文化節」活動，會從橋頭扶著媽祖神轎進廟門，和信眾們一起奉拜媽祖。連戰也將致詞盛讚媽祖是「我們台灣人共同的精神母親」，而且將獻上大花瓶，花瓶上有「台灣通史」一書中讚頌媽祖的句子。

連戰家族很早就來台灣，並且爲台灣寫下第一部史書，連戰絕對可以稱得上是「台灣傳人」，他的祖先比陳水扁總統的祖先還要早來台灣。國民黨準備塑造連戰「台灣傳人」的形象，來抗衡阿扁的「台灣之子」稱號。

除了文宣之外，連戰也有策反之舉。

有一天，他到在綠營罷官歸鄉的前農委會主委范振宗家作客。由新竹縣長鄭永金和現任立委陳進興及立委邱鏡淳等人陪同，走入范振宗湖口宅子大院，范親自出門親切迎接。何以不同政治陣營會突然走得如此親近？連戰在選前突然登門造訪「老范」，曾經很轟動。固然范振宗澄清此舉並無政治涵義，並宣稱他和連戰是老友，連戰在省主席任內，范振宗當縣長，省府對范提出的計劃和要求都很支持，新竹縣很多道路都是在那個時候完成的。

連戰聽了「老范」說起故友往事，隨即用手一比說，他還記得有一次到范振宗家來，發現附近的道路都修了，只有往他家的道路沒有修，那個時候給他一個直覺反應，他認爲范絕對不是一個自私的人，這種無私的人値得尊重。

連戰對范振宗鼓勵有加，「老范」也不小氣馬上給予回禮說，連主席也是說話算話的人，只要對的事情一定設法協助促成等等。雙方都強調是老友相聚，沒有其他弦外之音。但是在總統大選不斷加溫時刻，突然老友親切相聚，難免令人有其他聯想，否則以往爲什麼沒有這樣的聚會？

政治，是一種藝術。連戰是政治人，自然有他的一套思維法則。

積小成功，就是大成功

謝深山高票當選花蓮縣長，是國親共同努力的結果。

連戰認爲，謝深山是國親合作共同提名的第一次選舉，意義重大，這是國親追隨主流民意，「把失去的希望、遠離的幸福」找回來；花蓮人「爲二〇〇四年大選、第二次政黨輪替，做了一個重要、穩健、正確的第一步」。

花蓮民風保守，選民結構長久以來多數支持泛藍。泛藍陣營在達成國親合作共識，共同推舉明年總統大選候選人之後，於花蓮縣長補選之役推舉出謝深山參選，成爲國、親合作的試金石。對國、親來說，一向是泛藍天下的花蓮縣，這場選戰似乎非贏不可了，否則一旦敗選，互信、合作基礎仍不足的泛藍陣營，勢必面臨新一波整合，總統大選的合作之路也將增添變數。

但是，連戰對這次選舉的過程感到遺憾。因爲民進黨夾龐大的公權力和政府資源，大軍壓境，在言行上做了很不好的示範，令人憂心未來總統大選過程也會這樣亂搞。

連宋搭檔準備參選二〇〇四年正副總統沒多久，花蓮縣長補選隨即成爲第一道測試「連宋合」力道的關卡。曾有人透露一段不爲人知的內幕，即當時宋就明確向國民黨表達，「只要國民黨提出一人，並負責勸退其他參選人，親民黨無條件支持」。這位人士說，宋楚瑜這麼做，就是爲免泛藍在「連弱宋強」話題上大作文章。

在花蓮縣長補選中，連宋擺出「連穩宋衝」的格局，適時分進合擊。「宋」搶先，便會請示「連」做結論；若搶了鋒頭，會趕緊補上一句「報告連主席」。「連」在「宋」的激勵與幫襯下，演說或拜票就更勤快了。「宋」多次提出：「連」領導，「宋」服務的競選承諾，外人擔心連屢次被「佔便宜」，但貼近「連」「宋」兩人者表示，這正是兩人默契的展現。連不斷鼓勵「宋」在造勢場合上多表現、多講，「宋」還會謙讓地表示「每次都我先，人家還以爲我怎樣，這次你先」。

謝深山得票過半的結果，沒人敢再說「連」「宋」暗中較勁之類的話了。儘管國親幹部交融之間仍有彆扭，前哨戰沒人敢出聲，大選前恐怕也少有敢出岔者。經過花蓮縣長補選一役，「連」「宋」雖未達水乳交融境界，但宋楚瑜在副手應有分際所下的工夫，盡在連戰眼裡。

就在總統大選「熱身賽」的意涵之下，朝野政黨高度動員，爲粉碎外界質疑，國、親兩黨主席連戰、宋楚瑜更是頻頻一起現身造勢晚會會場，連兩位主席夫人連方瑀、陳萬水也投入輔選。謝深山高票當選花蓮縣長，使得國、親首次合作通過考驗，但兩黨合作，權力、資源的分配是最難解決的問題，這次選舉兩黨在共推補選候選人時，即多次上演明爭暗鬥的戲碼；總統大選選民結構更爲複雜、相關選舉的布局勢必涉及更多權力、資源分配的問題，國、親兩黨能否展現更爲寬容的包容性，在總統大選一役上，充分共享資源、分擔責任，恐怕還有嚴苛的考驗。

不過，畢竟「積小成功，就是大成功」，連戰的心中應該是很高興的。

本土記事

6

國民黨身為一個最具本土但卻不局限本土意識發展的政黨，我們不但有再造台灣魂、重築寶島夢的決心，我們更有傳承民族精神與氣節的胸懷；我們不但不狹隘的緊抱本土，我們更有前瞻的眼光與能力，在這個基礎上，對內團結人民，對外參與國際，並強烈要求中共尊重人權，實行民主政治，以明確承諾實現全體中國人的民主夢想是兩岸關係的最終目標，以不負台灣先賢追求自由民主的偉大精神遺產。

我們堅信，發揚本土先賢精神、重建正港本土意識，是台灣認同的根源與真諦。我們更認為，任何宣稱釣魚台屬於日本、對慰安婦苦難無動於衷者，根本沒有資格高談「台灣優先」，任何合理化日本殖民主義污蔑本土先賢者，早已遠離了「台灣認同」，遑論對土地的忠誠。我們不忍指責這些人乖戾之本質，也不認為這是沒落殖民主義在台灣的夕陽餘暉，而寧願相信這不過是特定時空環境下的扭曲心理，帶給社會若干人的錯亂與迷失，並將由歷史正義的伸張而迅速地消逝。

——連戰「台灣認同的根源與眞諦」專文

再造台灣魂、重築寶島夢

發揚本土先賢精神，重建正港本土意識，找出台灣認同的根源與眞諦，一直是連戰的心願。

他以一九一五年台南的一次抗日事件爲例，余清芳、江定等人爲傳統農民領袖，起義攻打日本軍警據點，日本殖民當局派出正規部隊，對起義者聚居的台南庄落進行屠村，三千多位老弱婦孺均不能免。事件發生後，日本統治者甚至對起義的台灣志士判了九百多人死刑，連日本正義之士都看不過去。如果說肯定余清芳、江定的反抗行動，並悲憐無辜死難的先人被稱爲「仇日」，那麼樂於宣揚日本殖民功業，對反殖民志士冷嘲熱諷、對遭受屠戮的台南村民毫無同情心的人，稱得上是「認同台灣」嗎？

「不怕一時的落後，就怕沒有足夠的自尊與自信。」

在連戰的想法裡，這是台灣先烈先賢們奮鬥的目標，他們力促台灣人保存中華民族的根源，喚醒民族意識，以自己的力量提升民眾的素質，建設自己的家園。他們提升文化教育的目的正在於對抗殖民的誘騙，以重建自尊與自信，並在成功建設台灣的過程中實現最終的歷史正義。對於這些歷史事件的史學家來說，連戰的先人更有無限的感慨。

連戰的祖父連橫爲保存台灣歷史，窮畢生之力編寫《台灣通史》。而連橫書寫《台灣通史》之史觀爲「以台灣爲本位、以中華民族爲歷史經驗爲視野」，記錄台灣人的命運，其史觀之正確廣爲各方接納。所以台灣本土意識，早在連氏家族生根萌芽，連橫更是發揚台灣精神的第一人。

所以連戰自認是道道地地最本土的台灣人，而國民黨已經是道道地地的台灣本土政黨。因爲連戰認爲，國民黨自從蔣經國總統時代拔擢台籍人士參政、擴大開放增額中央民意代表選舉、推動十大建設開始，到李總統登輝先生時代，建構合理民主的國會結構、推動各級首長直接民選、調整過去遭到扭曲的政經資源分配，並建立台灣優先觀念，加強台灣歷史文化教育，回應本地人民需求等，都是積極性的厚植本土力量的具體展現。而國民黨進行的民主憲政與政治改革，爲台灣奠定民主開放的基礎，並在此基礎上深化了本土意識的運用與發展，激盪了人民的活力，成爲進一步推動台灣民主化與政經社會改造的重要力量。

所以連戰認爲，國民黨長期以來爲台灣民主、自由、繁榮等理想，奮鬥不懈，一直

爲居住在這一塊土地上的人群謀權益、造福祉，追求優質民主，建構包容和諧多元的繁榮社會。也因此，連戰說，「國民黨以半個世紀的時間和民眾攜手共同締造了台灣經驗，本土化概念也因而才有內涵、才有意義」，其道理即在於此。

連戰認爲國民黨推動的是「建設性的本土化」路線，就是要「堅持民主、性中道、深耕基層、建設國家、厚植實力、立足台灣」，這也是過去國民黨執政期間積極推動與落實的方向。現在國民黨更重視台灣優先立場與台灣主體意識，強調台灣政治民主化、政經社會資源的合理分配、唯才是用的人事安排以及兩岸之間的和諧相處。

連戰也憂心，部份人士一再以狹隘的本土意識，操弄族群議題，製造社會對立。他認爲濫用情緒性的本土訴求，作爲選舉工具，其實無助於台灣社會和諧與政經改革。特別是在此台灣發展的關鍵階段，不應再有撕裂族群、分化社會、製造對立的政治權謀，而應該以理性取代激情，以融和取代分裂，以整體利益取代個體之私，才能使生活在這塊土地上的每一個人，皆能在和樂的環境和公平的立足點上，追求自己的理想，發展自己的抱負，同心協力建立一個以人性價值爲終極關懷的台灣生命共同體，創造一個不分族群的自由、民主、繁榮的樂土。

國親不夠本土化嗎？

什麼叫做「綠色魔咒」，您知道嗎？就是指只要跨過台灣濁水溪以南的地區，連宋的票房魅力就大打折扣，得不到高票。連宋配民調高，如能打破「綠色魔咒」，那二〇〇四年總統大選，連宋一組人馬獲勝的機會就大增了。

二〇〇〇年總統大選時，連戰的得票數各縣市落差還並不太大，而宋楚瑜在雲嘉南地區就明顯的力不從心了；在陳水扁的故鄉台南縣，更是輸得灰頭土臉。這一回，二〇〇四年總統大選，連宋攜手捲土重來，南台灣的選情還是極受重視。

儘管深知南台灣藍綠失衡嚴重，失去執政資源的藍軍迄今仍端不出系統化的致勝戰略；雖然頂著合作的光環，但國、親地方發展落差太大，無論是文宣或組織，雙方仍如兩條平行線般各行其是。上層的國親聯盟平台或許運作不輟，但在基層的認知中，所謂「整合」，除了連宋配之外，其餘仍然停留在「紙上談兵」階段。

連戰是台南人，這點固然模糊了當地人對「藍軍是外省族群」的印象，但國親合作在南台灣依然有著非本土化的疑慮。

從過去的選舉結果可以看出，南台灣選民基本上是採取「認同投票」的。連戰和陳水扁同為台南人，陳水扁「台灣之子」的形象偏偏就比連戰強多了，而宋楚瑜儘管以省府政績自豪，卻輕而易舉的就被其外省籍身分一筆勾銷。由於南部對宋楚瑜疑慮很深，連帶影響他們對連戰的觀感。這就很不利於選戰了。所以，有人就說，還是讓連戰到南部多拜訪拜訪民眾吧！宋楚瑜大可不必前往了，留守北部即可。

陳水扁總統主動出擊，帶著資源深入藍營。固然有些人本來就是「騎牆派」，但目前狀況不明的情形下，不少基層樁腳看連宋配民調高，還會很投機地「一邊要資源、一邊當西瓜」；如選戰末期扁連差距不大，這些西瓜自然就會「倚大邊」。

有人認為，如果選戰只有兩組人馬、沒有第三組強棒出擊的情形下，藍軍實在談不上去挖綠營的人，何況南台灣本來就打算投陳水扁一票的人，不太可能變節；本來的民進黨支持者或許因為「生活太苦了」未必願意再投給陳水扁，卻也不甘心把票投給連宋。這就出現非常弔詭的事了，明明可以得到的票，到頭來仍看得到吃不到！

連戰對這一場選戰，仍抱持著相當樂觀的心態。雖然主客觀形式未必有利，但民進黨執政成績不及格，仍讓藍軍看到一絲希望；除非陳水扁在選前猛力拉抬經濟出現顯著的績效，否則南台灣的票源只好得靠連戰來奪取了。

百年台灣的基本精神

誰對台灣貢獻最大?

連戰認爲,儘管由於歷史與文化的因素,有些台灣人民對日本的風土人情有著自然的感情,但誰也不能因此而忽略到像劉銘傳一代人對於台灣現代化建設的貢獻。如果沒有清廷的腐敗與日本的殖民統治,在那個時期所奠定的基礎上,台灣現代化的發展將是無可限量。「沒有日本殖民統治,台灣人將無力建設」的種族歧視論調,是會削弱我們自立自強的精神和力量的。

在連戰的思維裡,從台灣光復後的歷

史進程及其評價，可以肯定的說，國民黨不是「賣台集團」，中華民國更不是「外來政權」。清廷爲什麼要割讓台灣呢？此舉可說傷透了天下人的心，這是興中會成立的重要原因，一八九六年興中會在台灣成立了分會，從此與日據時代主流本土菁英並肩作戰，密不可分。

連戰的祖父——台南志士連雅堂作《台灣通史》，被譽爲近代台灣意識的啓蒙之作。苗栗志士羅福星則直接參與了黃花崗之役，返台後召募義勇起義，不幸成仁。台北聞人林薇閣也加入革命團體，並爲大陸的革命行動慷慨捐獻。至於本土的文化先進，如蔣渭水、賴和、杜聰明、翁俊明等人或爲中華革命黨的祕密黨員，或爲中國國民黨正式黨員，都是以孫中山先生爲領袖的。

蔣渭水等人所創立台灣史上第一個政黨叫做「民眾黨」，刻意把黨旗設計得與中華民國的國旗十分雷同，以致當時台灣社會直接稱呼蔣渭水爲「祖國派」。民國初年，國父二次來台，更與台灣志士楊心如、陳秋菊、羅福星、翁俊明、周斥牛等人攜手合作。

由這些史實看來，從沒任何一個政治團體像國民黨一樣，與台灣的歷史、土地、反殖民抗爭的關係這麼深！當然，後來國民黨也有失當的措施，並因此付出了巨大的代價，例如二二八事件和白色恐怖時期的悲劇等等，都是令人遺憾的事。

不過，一九四五年之後的國民黨，也在台灣有很多建樹，例如蔣中正先生率領全國軍民保衛台灣，使得台灣免於赤化；蔣經國先生團結全民，建設台灣經濟，開啓政治改革；李登輝先生繼續推動民主等等事蹟。直到今天，任何一個官方或民間針對「誰對台灣貢獻最大」的問題所做的民調裡，蔣經國先生始終排名第一。這也是不爭的事實。

連戰認爲，「中華民國」早已和台灣人民的命運合而爲一。台灣所有的政府首長、民意代表、政黨組織等等，無不根據中華民國憲法產生，這部憲法提供了台灣政治運作與社會規範的基本架構，也讓台灣崇高的民主理想更法制化。這可以說是連戰對台灣的地位與價值，作了最好的詮釋。

7

兩岸觀點

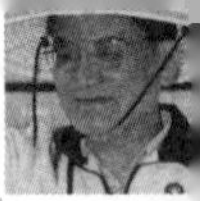

支持公民投票，落實直接民權

必須有利台灣人民利益，避免帶來災難。

連戰是政治學博士，對於公民投票的問題，當然有深入的了解，對於公民投票的意義和影響，也有他專業上的看法。連戰認爲，一個國家的人民當然可以決定自己的命運，而他本人也會尊重台灣人民的意願和選擇。所以他絕對支持實施公民投票，落實這項人民權利。不過，連戰也認爲現在台灣情勢特殊，推動公民投票制度的時候，應該要特別審慎小心，避免造成社會對立和局勢緊張。在此前提下，連戰曾經公開支持公共政策層次的公投，並強調，台灣的未來應該由兩千三百萬人決定，但是也認爲憲法層次的公投，可能會給人民帶來災難，所以有關憲法修正的問題，可以由既定的修憲程序進行即可。

連戰的意思是說，憲法層次的公投，可能對台灣人民的利益和台灣的安全帶來負面的影響，所以必須特別慎重行事；但他支持重大公共政策的人民複決，包括教改怎麼改、三通要不要通，都可交由人民複決。

他進一步說明，直接民權有兩個層次，一是憲法層次的公民投票，如修改國號、制訂新憲，這種嚴重改變台灣現狀的公投，可能會給台灣帶來災難，現階段或許應該持保留的態度。而在第二個層次，是針對公共政策的人民複決投票，英文是referendum，美國部份的州也有類似制度，這種直接民權是要彌補間接民權、代議政治的不足，我國憲法也賦予人民創制複決權，人民應該有這個權利，所以將來重大公共政策，都可交由人民複決。

連戰認爲，任何一個國家領導人，他的決策必須顧及台灣兩千三百萬同胞的利益與福祉，並且有責任保護台灣安全，促進台灣未來發展。所以，在公投問題上，必須審慎處理，避免將台灣引到危險不安的困境。而且，無論是公投問題或台灣前途問題，都必須掌握在台灣人民自己的手中，國家領導人在作這些重大政治決定時，不能依賴別的國家的態度和意見。因此，他認爲，無論美國對於台灣推動公投的立場如何，台灣的領導人，在作出如何落實公投這樣的重大決定時，必須要將當前情勢和利弊得失充分說明，進而凝聚全民共識，然後由全民共同承擔此一後果。

一國兩制無市場

連戰既然堅持本土化，那麼是不是接受「一國兩制」呢？當然不是。

他認爲，國民黨主張「一個中國各自表述的九二共識」，兩岸是制度性的比較競爭。他認爲目前執政的民進黨指國民黨接受「一國兩制」，根本是不實的說法。

他其實認爲：一國兩制是沒有市場的，任何人都不應該把「一中」無限上綱。

在連戰的想法裡，中共提出的一國兩制，在台灣是沒有市場的，因爲一國兩制的先決條件就是消滅中華民國，這是台灣人在感情上完全沒辦法接受的。

在中共的一國兩制設計下，其重點在「一國」，而非「兩制」，換言之，所謂一國兩制是中華民國消滅，而僅存中華人民共和國；中共爲中央政府，而台灣成爲地方政府。

後來，中共副總理錢其琛提出所謂的「錢七條」，聲稱一國兩制下，台灣可以繼續使用台幣、保有軍隊、單獨關稅區域、繼續保持政府架構、不拿台灣一分錢、台灣人民繼續保有財產、不派任任何官員到台灣等。其實，一個地方政府與中央政府最大的區別，在於地方政府沒有國防、外交及司法的權力。「錢七條」中，對於外交及司法部份完全沒有提到，這就是問題所在了。

對兩岸關係的主張，連戰是希望能恢復「一個中國各自表述」及「九二共識」的基本立場的。他主張讓兩岸在這個基礎上開始對話，尋找共識。至於中共所提出的「一國兩制」模式，他絕不能接受。

他認爲，中共「一國兩制」在台灣所以會沒有市場，是因爲一國兩制的先決條件是消滅中華民國爲出發點，是將中華民國台灣矮化、地方化。

他對兩岸關係基本立場的希望是：一、維持現狀；二、開展兩岸關係；三、前瞻未來發展；四、創造兩岸的契機。但首要重點在確保台灣的安全、尊嚴與對等。

陸委會曾形容兩岸的關係：兩隻蝸牛的觸角相碰後，很自然會先縮回來，在一段時間之後，才又會慢慢地再把觸角伸出去。連戰認爲兩岸關係一定要在台灣人民的利益、安定、安全、尊嚴、對等的原則下，經過協商過程，才能談未來的問題，他強調，是兩岸問題。絕不可「一步到位」，尤其是在一國兩制的原則下，其先決條件就是要消滅中華民國，這是台灣無法接受的事情。

不過，連戰並不反對官員多去大陸了解了解的。尤其民進黨中國事務部主任陳忠信去過大陸，過去民進黨也有很多人及高官，包括陳水扁總統在立委任內也去過大陸，他認爲，這都是很好的現象。民進黨人應多到大陸訪問，因爲這可以讓民進黨有較寬闊的心胸，並可以了解到大陸不等於是「聯共賣台」。

連戰對兩岸關係的看法，綜合來說，有以下幾個重點：

(一)、雙方應擺脫意識形態及歷史的包袱來推動兩岸的交流。

(二)、在現階段，兩岸不可能爲主權問題達成共識，故雙方應先擱置主權的爭議來發展良性互動的關係。

(三)、兩岸之間的根本問題是政治問題，武力威脅與軍事手段不可能解決雙方之間的政治問題。

(四)、台獨是一條走不通的死路，今日台灣必須立足本土、厚植實力、發展經濟。

(五)、兩岸在統一前應相互尊重，「雙贏」應是兩岸當前唯一的選擇。

(六)、當前兩岸關係應以經貿爲主軸，雙方應全面推動互利互補及合則兩利的經濟合作。

（七）、兩岸應「存異求同」，追求共同利益。
（八）、兩岸應儘快進入協商時代，以溝通、協商來替代猜疑、對抗。
（九）、如客觀環境成熟，政府可以考慮設立特區，以便全面發展兩岸的經貿關係，並推動三通。
（十）、雙方對「一個中國」的看法具有嚴重的分歧，但應可採取「一個中國，各自表述」的做法。

「和平之旅」絕非投降之路

一九八九年諾貝爾和平獎得主達賴喇嘛（The Dalai Hma）說：「我們的人民在過去四十年被佔領期間所遭受的痛苦，有很詳細的記錄。我們的奮鬥是長期的奮鬥。我們知道，我們的目標是正當的。由於暴力只會滋生更多的暴力和痛苦，所以我們的奮鬥必須是非暴力的，並免於憎恨。我們正在努力結束我們的人民的痛苦，而不是把痛苦加在別人身上。」

兩岸的追求和平，顯然也是需要長期的奮鬥的。暴力確實只會滋生更多的暴力和痛苦。達賴喇嘛這段話，其實頗適用於兩岸的和平議題的！連戰曾經宣示，如果二〇〇四年三月二十日當選總統，將訪問大陸，展開「和平之旅」。結果陳水扁總統次日卻以「大家用膝蓋想也知道」的詞彙提出批評，指連戰的「和平之旅」無異於「投降之旅」，並且說「這種人不會當選」。

事實上，二〇〇〇年一月三十日，總統大選前夕，當年的總統候選人陳水扁也曾說過幾乎與連戰一模一樣的幾句話。當時，陳水扁說，「當選後、就職前願赴中國大陸訪問」。其實，陳總統自台北市長任內以來的近九年間，公開宣示願作「和平之旅」的次數不下八、九次，其中甚至包括一次表示願作「尋根之旅」。所以，連戰覺得陳總統這樣批評他，是沒有道理的。

他認爲，「和平之旅」其實是兩岸良性互動的一個政治指標，主政者縱然無力兌現自己的承諾，但也不能把它說成是「投降之旅」吧？李登輝是因其兩岸政策徹底失敗後才退回台獨的境地；而現在陳水扁總統卻爲了連任之路，輕率地自我否定。這就不對了！其實，連戰要在微妙的選戰中操作「和平之旅」的政見，是有他的人生哲學的，不料陳水扁總統竟把「和平之旅」指爲「投降之旅」，是很容易又演成「賣台」、「特首」之類的口水戰，這場選戰打下去，其品質會多差是可想而知的。

連戰認爲兩岸平等往來合作，才能雙贏。兩岸如能平等相處、往來合作，他爲台灣兩千三百萬人民及子孫幸福，有責任建立基礎。

他認爲台灣要拚經濟，對經濟有幫助的事，就一定要做。他堅持在相互對等的原則下與大陸交往，絕對沒有投降這回事，他一再強調台灣優先。只要台灣優先，就是對台灣有利的。兩岸關係能改進，互有利益，將可雙贏，兩岸關係應以宏觀的態度看，不能受意識型態作祟。

在連戰的想法裡，二〇〇四年三月如他獲得大家支持順利當選，他到大陸和平之旅，兩岸關係平等相處、來往合作，這是雙贏，有這種環境爲台灣兩千三百萬人民與子孫幸福、安身立命、永續經營的目標建立基礎，任何人做此事時應給與鼓勵。陳總統已先後九次講要訪問大陸，他也只講一次，他是宏觀爲兩千三百萬人講話，不希望有人藉此抹黑，想不到有人反應如此快，也想不到是總統本身的反應，作爲國家元首對在野黨主席政策宣示做抹黑，是很壞的示範，台灣人民無法認同這種態度。

交流是處理兩岸問題的有效途徑

諾貝爾和平獎得主波爾．哈特林(Paul Harting)說：「和平，不只是沒有戰爭而已。和平是一種狀態，在這種狀態中，沒有任何國家的人，事實上，沒有任何團體的人，生活在恐懼或匱乏之中……。」

連戰遠在擔任行政院長的時候，就一直想以現代化的國家邁入二十一世紀，作為施政的既定目標。在推動這個目標時，也早就有既定的計畫，兩岸關係的發展也是如此。台灣的發展，不能採鎖國政策，因此必須積極對外開拓關係，包括雙邊關係與多邊關係。尤其目前國家所處環境非常特殊，對外關係的突破與兩岸關係的良性互動，就有其密切的關係。難怪連戰會強調，我們不能忽視大陸的存在。

連戰在擔任行政院長前，李登輝總統就訂定了「國家統一綱領」，這是以兼顧國家當前利益與未來發展所研擬的政策。連戰擔任行政院長時，也積極推動此一綱領進入中程階段，但是在推動過程中，還是有許多障礙需加以排除。到了他擔任副總統時，他也曾經表示，「對話與交流已經為兩岸繫定好的基礎，這是台灣海峽問題好的一面。」兩岸如能不預設任何前提條件，不排除任何議題，坐下來重新協商，則對國家自由、民主、均富的和平目標，都有幫助。

兩岸問題，連戰曾提出「三不」和「三要」的說法。「三不」就是不獨、不統與不對立。所謂「不獨」，是因爲台灣獨立，可能危及台灣安全。而且，成立所謂的「台灣共和國」，事實上是多此一舉的，因爲中華民國本來就是一個主權獨立的國家。所謂「不統」，是指現在兩岸統一的條件尚未成熟，台灣不急於統一，更不能變成「中華人民共和國」的一部份。「不對立」是指兩岸不應該相互刺激與敵對。他希望兩岸關係上不要刻意產生對立或對抗，至於連戰主張「不獨」、「不統」及「不對立」的理由是這樣的：中華民國自一九一二年建國以來一直是主權獨立的國家，中共的打壓不可能否定這項事實，中華民國也沒有必要重新宣告獨立，或自行更改國號。而目前兩岸政治體制、經濟社會條件差距太大，台灣絕不可能接受「一國兩制」或其他統一主張，因此連戰才提出「不對立」和有助於兩岸交流的「三要」。

連戰認爲，「三要」包括「要和平」、「要交流」、「要雙贏」，加上「不對立」是推動兩岸交流的必然之路，也是處理兩岸問題的可行途徑，而十餘年來兩岸交流的經驗是個好的開始。

連戰兩岸主張：台灣優先，維持現狀，經貿第一

一九九九年連戰參與前次總統選舉，在台南成功大學發表參選演說時，曾經說：「兩岸關係，連戰很穩健，有連戰就不怕被中共欺負，兩岸關係可以由不確定的敵對關係升級到正常化的雙贏關係。」這一段關於兩岸關係的談話，展現連戰在兩岸關係上的堅定立場，曾經獲得各方的肯定。政黨輪替後，連戰擔任國民黨主席，他的兩岸關係政策也是朝此一方向前進。

不過，當李登輝與國民黨關係生變後，台聯批評連戰和國民黨「聯共反台」，而當泛藍確定連宋配角逐二〇〇四年總統大選後，陳水扁甚至在接受華盛頓郵報專訪時說出「中共暗助國親」。對於這些批評，連戰都認爲是泛綠陣營的選舉策略，對於這些「選舉語言」，實在不值得回應。連戰認爲國民黨長期以來堅持「反共保台」的立場，數十年

來致力壯大台灣實力，保護台灣人民，防止海峽對岸的中共政權進犯台灣，使台灣在安全、安定中進步繁榮。他相信台灣人民瞭解國民黨對台灣的努力和貢獻，不會受政治人物的選舉語言所影響。

對於兩岸關係的前景，連戰有他個人的看法。他認爲，當前兩岸關係僵滯，海峽兩邊的領導人都有責任。連戰認爲，兩岸開放交流十餘年來，中共對台政策並未調整，不僅極力打壓我國的國際空間，在國際組織矮化我國政治地位，不願意正視兩岸分裂分治的事實，執意推行「一國兩制」，要將我們矮化爲地方政府，甚至消滅中華民國。尤其是中共政權一再言明不放棄武力犯台，又在大陸東南地區佈署飛彈，瞄準台灣，意在以武力恫嚇我們、屈服我們。他認爲，中共這些舉動充滿敵意，嚴重破壞兩岸關係的和諧，也使得台灣人民對中共的對台態度感到失望與憤慨。

另一方面，連戰也認爲，民進黨政府在兩岸政策上也有很大的問題，既漠視兩岸民間熱絡的經濟交流，又採用「政治冷凍」的方式阻止台商赴大陸投資。他認爲，三年來兩岸沒有正式對話，也沒有接觸，致使兩岸關係沒有進展，這對於台海穩定和台灣經濟發展可能有不利的影響。

連戰曾經在與美國參議院領袖費利斯特（Bill Frist）會晤時表示，未來他當選總統後，將會積極面對兩岸關係，並扭轉民進黨政府在兩岸事務上自我封閉的現象。他也強調，兩岸接觸談判應該在對等、平和的氣氛下進行，台灣絕對不應該在恐懼下，與中共進行談判。連戰認為兩岸應該針對制度來競爭，而不是以軍備來競爭，中共以飛彈威脅台灣，只會傷害兩岸關係和區域穩定。

根據各項民調結果顯示，連戰給人的印象是具有國際視野，在處理兩岸事務方面行事穩健。為了發揮這項優勢，連戰在兩岸問題上，提出許多新的政策主張，並且訂定了「台灣優先，維持現狀，經貿第一」的兩岸政策基調。他認為台灣與大陸在經濟領域上有互補互利的基礎，只有在開放的架構之下，推動兩岸經貿事務，才能創造雙贏的結果，因此台灣可以將大陸經濟發展快速的動力，轉移為台灣經濟轉型與產業升級的推力，創造兩岸雙贏的目標。在此前提下，台灣可以和大陸展開三通談判，並要求簽署兩岸投資保障協定。

連戰也主張，應該依二〇〇一年經濟發展會議的共識，開放海運貨物直航，另應仿效早年東、西德柏林空運的先例，儘速兩岸協商，建立空中安全走廊，即兩岸協商指定時間、地點、航線、航空器、通訊識別方式，建立兩岸直接空中運輸航線，不但可顧及國家安全又可達到兩岸直航對提昇台灣經濟發展的效益。並且開放所有國內有能力的航空公司飛航「空中安全走廊」，如此不但可提供國內航空公司一個公平競爭的機會，減少政治力的干預，也可因業者的公平競爭，降低價格，對企業界是更大的利多。

連戰認爲兩岸直航政策必須妥善規劃，在維護台灣利益和顧及國家安全的基礎上，凝聚朝野共識，通過兩岸協商逐步落實。他也認爲，直航未必能夠立即解決台灣經濟的所有問題，但不可否認的，兩岸不直航是自我設限，將影響外商在台設廠和台商回台設置營運總部的意願，最後一定會使台灣陷於邊陲化。國民黨及泛藍陣營對於開放直航具有高度共識，也有絕對的自信，能在維護國家尊嚴、保障台灣權益前提下，與中國大陸恢復協商，爲推動直航和保障台商權益而努力。

8

財富觀點

而母親的剛毅、勇敢、睿智與刻苦勤勞，不僅培養我接受逆境的果敢，也讓我妻知道，要做連家婦，得付出的，非僅孝心愛心，更須家務一肩挑的擔當，以及創造家裡的大智慧。

母親是瀋陽人，具有中國北方婦女特有的堅強和智慧，她在父親三十一歲那年於北平結縭後，五十二載相知相倚的生活，全仗母親胼手胝足，以無比堅苦卓絕的毅力與付出，才得創造出我家日後的「經濟復興」。連家祖先居台南府寧南坊馬兵營，也就是如今的台南地方法院舊址，早於日人割據台灣時就被占領了，從此國亡家破，兄弟叔姪散處四方，祖父雅堂先生曾有兩句極為愴痛的詩句，描敘當時悲憤的心境：

「馬兵營外蕭蕭柳，夢雨斜陽不忍過。」

我家的祖產就這麼一筆勾銷了。以後祖父遠赴內陸，在廈門創辦福建日日新報，成為革命同盟會的機關報，日後甚至舉家遷往大陸，還允許父親這獨子深入內陸，從事實際的抗日工作，這都是祖父曾手書：

「……以軒黃之華冑，而為異族之賤奴，泣血椎心，其何能恕？……」那分孤臣孽子的心情使然。所以才有抗戰前夕祖父給父親的手諭「欲求台灣光復，須先建設祖國，汝應回國效命」之言；父親受祖父精神感召，畢生貢獻給黨國，主中饋的母親便挑負起全家經濟大任。

——連戰「圓圈裡的頑童」

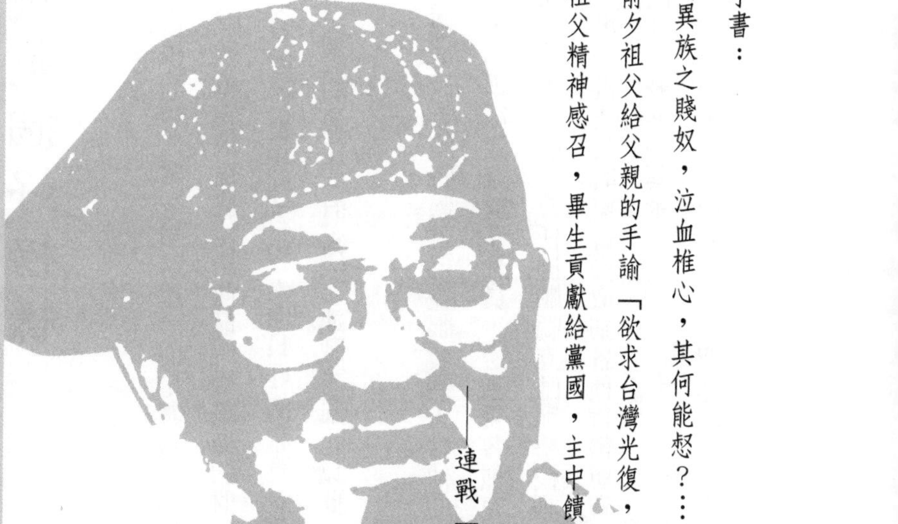

勤儉持家，母親是個好榜樣

連戰雖然財產龐大，但他最重視的並非眾多的財產，而是其良好的教育、美好的家庭、健康的身心，及良好的事業。連戰認爲這些才是他最值得驕傲的財富。

連戰的先人也一再告誡他：財產終是身外之物，而良好的教育、學識、家庭、事業、經驗及健康，則是終身享用不盡的最佳「財富」。連戰夫婦也以此一家訓來教育他們的四名子女。

他曾經說過，小時候隨母親遷徙流離的時候就已親眼看到，當他的爸爸菲薄的軍官待遇不足以購買舉家生活物資時，媽媽卻能邊兼作教員，邊餵養各種家畜，不畏勞苦，也不顧忌自己北平燕京大學的知識分子學歷與曾任撫順縣立師範學校訓導主任的清高身分，早起晚睡，不怕髒臭，讓一批一批成長的家畜換取到各種貨幣與資源，不但改善他們一家的生活，更成爲後來返回台灣發展的基金。

剛到台北時，連戰的母親又以她過人的眼光與智慧，把連家僅存兩小塊薄田賣了，加上自己辛苦賺取的儲蓄、買地造產、投身營建與金融，那不是一般女子能有的大魄力與大決斷。

根據連戰的說法，他母親管理家庭、經營事業都是一樣嚴謹的，這輩子直到現在已八十高齡，從不曾放任自己有過任何享受逸樂，更遠離錦衣玉食，她老人家在連戰的妻子連方瑀還沒辦法接棒之前，過的數十年如一日的勤勞生活，黎明即起，親自烹煮全家的餐食後，穿著寬鬆簡便衫服，就到工地督工，與工人之間，毫無雇主的架子，以平易親和，贏得工人們尊重敬愛，而自動自發願拿努力紮實的工程回報。他的母親沒有一樣胭脂花粉，也不曾捨得動用任何「老本」爲自己打點。連戰的父親擔任內政部長時，她一樣自搭公車進出，就這樣點點滴滴，創造出連家的「經濟奇蹟」。

學習關公「明是非，辨忠奸」

連戰的財產總值，據估計在六十億新台幣左右。很多人不了解連戰爲何擁有如此龐大的財富，很多人常常懷疑，連戰的爸爸只是一個公務人員，又沒有祖業基礎，連戰的財產怎麼會有那麼多。

這樣的疑問在選舉期間更爲明顯。例如二〇〇〇年總統大選時，陳水扁便一再地追打連戰的家產問題。陳水扁指出，有的人太有錢，事實上太有錢不是壞事情，但是兩代都當公務員，總財產卻累積了幾百億，令他覺得相當奇怪。因此，他認爲大家應學習關公「明是非，辨忠奸」的文化與精神，辨別這些人的是非與對錯。

對於對手陣營的攻擊，連戰也不勝其擾。尤其有的人指出他是「假農民」。他說：

「………至於一些躲在免責權後的民代指責我家土地。我連某人從未當過農民，不論眞農民或假農民，我都沒當過。四十年前，台灣的土地買賣情況他們應先查明白後再講。那個時候所有土地買賣都要在法律規章同意下，凡是違法都可以拿出來講，不必在選舉中拿來做抹黑汙衊的。關於大家所關心的我的家產問題，很抱歉，我從來沒去算，那麼多年也從未從商營利過，財產都是家中傳下來的土地、有價證券、現金、房地產等。台灣整體經濟發展已經變成奇蹟了，這方面有些經營理念不同，我的家也就是跟著整個國家社會一路發展過來，沒什麼特別的。」

很明顯的，連戰的財產主要來自土地、有價證券。而他的資產都是他媽媽辛苦勤儉累積下來的結果。對連戰來說，因爲不虞匱乏，所以他並不十分重視它。他最重視的仍是良好的教育、美好的家庭、健康的身心，及良好的事業。連戰認爲這些才是他最值得驕傲的財富。

連戰得意的是，他也學到他母親的刻苦作風，而不會成爲「敗家子」的。連戰的母親激勵了他在有志赴國外深造時下定決心，絕不仰賴家中接濟，而要靠自己的雙手打拚。他在申請到極不容易的芝加哥大學助教獎學金後空手出國。他常利用假期到鄉村俱樂部做調酒小弟的工作，當辛勤所得足夠支付簡單的食宿，而更逐漸存積到夠買部三、四手車時，那種自力更生的成就感，是使他深感快慰的事，簡直帶著驕傲呢！畢竟，他也學到了他媽媽一些勤儉的工夫了。

「無為而治」的操作手法

王永慶經營生產事業，蔡萬霖經營金融服務業，然後大發特發，而連戰跟他們都不一樣。他以數十年的公職生涯，竟能成爲台灣最富有的官員，根據投資專家的解釋，是有可能的。原因是連戰的上一代與他自己本身具有相當正確的理財觀念，才會累積這麼多錢。

一九五一年左右，彰化銀行前董事長張聘三建議連戰的父親連震東，有錢就買彰銀股票，於是連戰母親趙蘭坤女士就將多年積蓄買下數百張彰銀股票，更重要的是連戰家族將這些股票當成「不動產」，既不追高殺低，也不作波段操作，而是長期持有，在多年的配股配息與股價自然走高之下，奠定連家財富的根基。

趙蘭坤深諳理財之道，她不像一般家庭婦女以跟會方式存錢，也不把錢存在銀行裡生利息，而以積極的方式作投資。例如她把苗栗三千餘坪祖上遺留的田地全賣掉，而在台北的南京西路與味全公司創辦人黃烈火合蓋房子，各占一半股份，這塊一百四十多坪的精華地段，更成爲連家生財的祕方。

連戰家族就是這樣作理財規劃的，在過去四十多年以來持續投資股票與房地產。因而連戰先後持有彰銀、華銀、北企、國壽等多達十九家上市公司股票；房地產方面包括大安區復興段、士林區陽明段、中山區中山段等十一筆土地，盡皆屬於黃金地段，同時在上述地段中還擁有多達廿六棟房屋，增值速度可想而知。

連戰曾對外界透露，他們家的理財方式是「無爲而治」，也就是買進股票與房地產之後便長期持有，四十多年來一直是這樣，很少「短線操作」，而在每年平均二〇%以上的增值率之下，財富就越來越可觀了。

許多當年比連家更有錢的家族比比皆是，但在四十年後比連家有錢的家族已屈指可數，其中的差別，便在於連家具有長期投資股票與房地產的正確理財觀念。

分析連戰家族理財成功的關鍵，在於選對投資工具。台灣股市與房地產市場過去四十年來隨經濟成長，每年平均漲幅高達二〇%，加上連家「只進不出」的投資哲學，因而在複利效果之下，達到驚人的成長倍數。

連戰家族對台灣資產的投資「持之以恆」，經過一、二十年的累積，隨著這些地區經濟發展，其資產自然會呈現長期上揚的趨勢，要成爲巨富將是「輕而易舉」的。然而，當一般百姓領悟到之後，想要效法連戰的「只進不出」、「無爲而治」的手法聚財時爲什麼行不通呢？這是由於時間點的不同。

主要原因是：台灣股市與房地產市場在連年大漲之後，未來數十年應不太容易維持平均二〇％的報酬率，錯過台灣的發財契機的人，對連戰的財產自然又妒又羨了。

反失業、救經濟

民進黨執政後的國際環境相當不利。整個世界的景氣一再下滑。失業率節節上升。別說一般老百姓日子過得很苦，就連擁有大批土地、股票的連戰，其資產也跟著縮水了一半以上。

「環境不會改變，解決之道便是改變自己。」二〇〇四年總統大選在即，國民黨要翻身作主人，這正是一個極佳的機會。

國民黨在全國廿三縣市同步舉行「反失業、救經濟」大遊行的時候，身為黨主席的連戰就親自率隊走上街頭，高喊「搶救失業勞工，還我人民財產」的訴求。連戰在凱達格蘭大道上發表演說，要求陳總統向所有失業勞工道歉。他強調，政府無能，失業勞工要自力救濟，國民黨將發起「全民就業希望工程」，爲勞工找回希望。

連戰在遊行前發表談話強調，這次遊行的目的就是要爲民請命，說出大家心中最沈痛的抗議。連戰並連續提出質問。他說，爲什麼民進黨執政一年半，民眾財富少一半？

爲什麼執政一年半，股市縮水到連一半都不到？爲什麼執政一年半，失業率卻增加一倍半？連戰問台下民眾：「爲什麼？」大家高喊：「無能！」

運用民進黨當初競選時宣稱要創造十萬個就業機會，後來並沒實現的弱點，連戰這回可眞的掌握到要點了。

連戰對遊行群眾訴求，「我們要開始向前走，蝦米攏勿驚」，接著帶頭高喊：「反失業、救經濟、要工作！」然後頭綁「反失業」紅布條，率隊向前走。

這是連戰成爲在野黨主席後，首次走上街頭。看到這麼多人參加遊行，關心失業勞工，連戰心情很感動，但也很沉重。遺憾的是總統府沒上班，裡面沒有人聽到。

當國民黨反失業遊行落幕後，工人立法行動委員會的「秋鬥大遊行」也跟著登場。工人立法行動委員會發給各政黨打擊「失業恐怖」政策的政黨簽署書，連戰簽署了簽署書，但對於其中的主張並未完全同意。

工人立法行動委員會提出五項失業預防機制，連戰對「企業出走，兩邊押寶，收歸國有，員工接手」、「企業掏空，國家追償，凍結債權，員工接管」、「外勞越減薪，本勞越失業，反對外勞薪資含食宿費」等三項都勾選「不同意」；「兩岸和談先談就業，兩岸合簽社會條款」則未表態，對「失業勞工國家雇用」則表示同意。

在四項失業保護機制方面，連戰全部勾選同意，包括「工人沒頭路，勞健保不中斷，保費政府繳」、「失業不失學，上學不用錢」、「失業保險要最好，全體勞工都納保」、「退休金、資遣費不縮水；給付責任要保證」。

沒有簽署「兩岸和談就業先談」的主張，連戰是認為此時還不是兩岸和談階段，國民黨不願引起不必要的誤解；至於企業出走、收歸國有以及企業掏空、凍結債權，受法律保障的私人企業，以及法律上的債權債務關係，都不應該用政治的方式干預，所以國民黨不能同意。

連戰在這些議題上是很理性的，並非只要幫助國民黨打擊執政黨的遊行一律閉著眼睛支持的。

財經政策懂得授權

雖然連戰並非財經專家，也很少財經經驗，只有在交通部長及省主席任內接觸過很多的財經事務，但他虛心學習，勤於閱讀資料，廣徵幕僚及財經首長的意見，並特別倚重副院長徐立德的財經學識及經驗。因此他就任閣揆後迅速進入狀況，並逐漸形成一套穩健而務實的財經觀點。他主要的財經哲學，變成行動，就形成了他的財經政策：

在財政政策上，他的作風也是先求「穩」，不求激進。他雖支持高速度發展經濟的要求，但對國家投資，卻採取比較保守的「量入爲出」的政策。他縮減六年國建的規模即是明證之一。他強調政府必須兼顧財政穩健及建設發展，尤須照顧全民利益。

經濟自由化與國際化，是連戰財經政策的主軸。他認爲台灣的經濟發展如欲更進一步提升，就必須全面走向自由化及國際化，也要激發企業的競爭力及經濟效益。因此，他推動鼓勵民間對六年國建的參與、開放民營、建立台灣爲亞太營運中心、積極尋求加入世界貿易組織等政策。追求經濟的公平與社會的正義，使經濟發展的成果爲全民所共享，以求總體經濟資源的合理分配。連戰始終認爲，要突破台灣經濟發展的瓶頸，就須推動產業升級，發展高科技工業。

連揆肯定兩岸經貿關係對台灣的重要性，所以提出「兩岸關係以經貿爲主軸」的構想，但他同時也反對過分倚賴與大陸的經貿關係，因而又提出「南向政策」，分散投資風險，有計畫地加強與東南亞國家的經貿關係。

連戰認爲，經濟的發展必須具有完整而合乎現階段需要的財經法規，以便遵循，故立法及修法工作必須積極推動；而市場因素也不能不衡量一下，所以他主張台灣應通過市場機能促使產業結構靈活變動，並加速金融自由化的腳步，擴大開放資本市場。對於勞資的爭議，則要從公平均富的角度擬訂勞工政策。至於社會福利，他認爲這是全民的需要，也是擋不住的趨勢，但全民健保等方案不能過分倚賴政府的資源；僱主、民眾，及政府三者對財政的負擔應作公平合理的劃分。否則，各種不同福利方案會把政府拖垮的！

貧富不均的對策

台灣社會貧富差距日趨惡化，連戰也有很深的體會。他指示屬下研究出的對策是：推動「負所得稅」制度（Negative incom tax），簡單來說，就是指當家庭收入低於某一門檻時，政府應直接給予適度的家庭補貼，以維持最基本生活所需。

但是，所謂「負所得稅」制度，並不是國民黨獨創的，是美國經濟學者米爾頓・弗里德曼（Milton Friedman）。於一九六二年在其著作「資本主義與自由」一書中所提出的，大意是：由政府規定一定的收入保障額數，然後根據個人實際收入對不足者予以補助，收入越高，補助越少，直到收入達到所得稅的起徵點爲止。

負所得稅制度的意義，在於財稅部門對弱勢族群個人所得稅的減免優惠政策，對於應稅範圍內的低所得家庭提高豁免，只能輕微疏緩貧窮者的經濟困難，因爲窮困家庭收入本身就很低，就算所得稅制度中全部的減免優惠都兌現，也不會有多大的幫助，因此也有經濟學者認爲，應從包括強化經濟體質、就業輔導、強化相關訓練等治本的方法著手進行。

連戰也是很重視教育的人。他認為，當教育已不是窮人最後一道正義防線時，凸顯目前進行的多元教改是失敗的政策。台灣要拚經濟，就要順應知識經濟的發展，避免淪為「只有有錢人才能受教育」。國民黨提出「負所得稅制度」，就是希望改變這種現狀。

他有一次邀請前靜宜大學校長、暨南大學資訊工程系教授李家同，就「伸張社會正義，縮短貧富差距」為題發表專題報告。由於報告內容與當前的財富分配與教育改革的議題相關，因此引起熱烈討論。在連戰的想法裡，台灣的貧富差距越來越嚴重是一項重要警訊，但多數人只是有感覺，沒有實際去了解。國家在面臨這些問題時，在產業政策上要有所調整，並加強真正有效的社會福利。

連戰認為拚經濟的基礎還是要建立在知識教育上，知識經濟時代，教育如未順應潮流，將產生教育世襲制，即受高等教育者恆受教，但貧窮也將成為世襲的情況，台灣應避免走上這條路。

連戰在過去擔任行政院長時，曾在立法院答詢有關肅貪問題時指出，中華民國絕非外界所言的「賭場國家」(Republic of Casino)，而是要建立一個「清潔而明亮的國家」（Republic of Clean and Clear）。他的財富觀點應該也是一樣，一定要符合公平正義的原則。

9

自由經濟

自冷戰結束後，全世界都朝向自由化、國際化及區域化方向衝刺，我們身為地球村的一員，尤其是以外貿為主導的經濟體系，當然會受到極大的影響，我們必須盡一切可能來適應此一轉型情況。因此，在總體經濟層面，我們採取自由化及國際化政策；在產業發展方面，則是從技術密集的工業及附加價值高的服務業兩方面來努力。所以在過去將近三年多的時間裏，不論對政府職能的檢討，或振興經濟方面的推動，十二項建設的執行，乃至於產業自動化的鼓勵，高科技產業的獎勵，以及亞太營運中心等等作為，都是以「自由化、國際化、專業化、高科技、服務業」等範圍來發展，這是我們基本的出發點。

舉實際例子來講，基礎及技術密集產業在整個製造業所占百分比，由民國八十年的百分之六十六提升至目前的百分之七十三，這表示我們產業結構已有成功的轉變。而電子資訊產業的發展，更是大家耳熟能詳，其產值已超過新臺幣一兆元，僅次於美國、日本，占世界第三位，臺灣被稱為「電子資訊王國」的美譽也是由此而來。

另外，在自由化方面，發電廠、煉油業、電子通訊等事業開放國內、外投資，也都是明顯的事實。在金融市場方面，無論是在外匯市場資金的進出，乃至於外資對股市的投資，也採取取消限制或放寬措施，主要都是希望在二十一世紀來臨時，所有在中華民國資金的出入完全自由。以上都是由基本原則來看我們國家當前的經濟問題。

——連戰 一九九六年在高雄中山大學演講

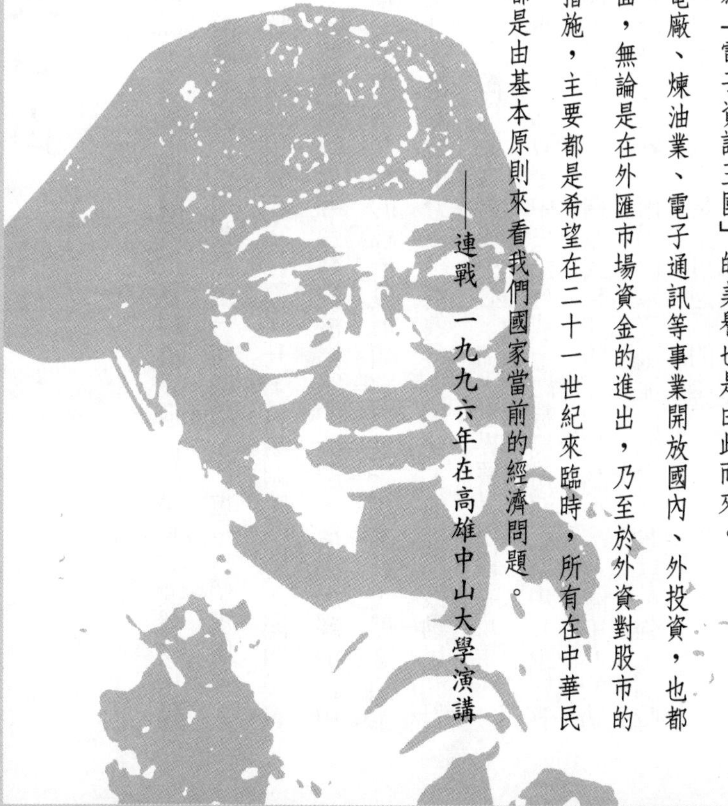

讓台灣資金出入自由

說起來，台灣的財富不均情況，事實上已隨著世界經濟衰退而越來越有改善了，因爲窮的人本來就窮，而富的人也漸漸變窮了。這雖然是一句趣話，卻也是一個實情。

一九九三年，連戰就任閣揆時，政府預算赤字已經上升，貿易順差下降，國內投資環境惡化、投資意願低落。於是，連戰開始思考台灣經濟出路的問題。後來，經濟自由化與國際化成爲財經政策的主軸。他認爲台灣的經濟發展如欲更進一步提升，就必須全面走向自由化及國際化，也要提升企業的競爭力及經濟效益。因此，他推動鼓勵民間對六年國建的參與、開放民營、建立台灣爲亞太營運中心、加入世界貿易組織等政策。

在連戰的想法裡，這一切的措施，都會讓中央銀行或金融機構扮演金融中介或監管的角色，逐漸由市場機能所取代，而不是以人爲方式來運作。換句話說，金融中心的功能會越來越明顯，金融條件也會越來越成熟，市場決定資金流向的力量也就越強，到時人爲的引導力量自然會相對的變弱了，這似乎是不可逆轉的趨勢。

追求經濟的公平與社會的正義，使經濟發展的成果爲全民所共享，以求總體經濟資源的合理分配，正是連戰的理想。那時，在上的李登輝總統肯定籌設亞太營運中心有助我國經濟發展，並指示加強金融與交通的國際化與自由化；在下的經建會主委蕭萬長證實，政府爲發展台灣爲亞太營運中心，將逐步放寬兩岸經貿交流限制。同時經濟部將禁止所監督的財團法人從事股票投資，已投資者必須賣掉。

連戰爲拯救政府的財政，他於行政院政務會談要求，加速推動台灣成爲資產管理中心和籌款中心。由於台灣的資金充沛，在國際間或區域間可以扮演資金供應者的角色。中央銀行經常以國際性銀行把台灣列爲籌資對象，以後就可以發展成籌款中心：包括亞洲開發銀行五度來台發行各種幣別的債券，中美洲銀行、歐洲復興開發銀行、北歐投資銀行，也先後在台發行新台幣債券。至於資產管理中心，包括勞保退休金、保險及共同基金等等，都會大幅成長，這些資金管理單位都會成爲國內資本及貨幣市場的重要參與者，並足以改變目前金融市場法人機構投資比重偏低的現象。

如果籌款中心、基金管理中心及資產管理中心確定是金融發展的目標與方向，並爲亞太金融中心規劃中的一環，則其具體落實仍然繫於金融的進一步自由化。這就是爲什麼連戰一直主張「讓台灣資金出入自由」的理由了。

不景氣就拚經濟

拚經濟！拚經濟！每一位執政者都發現了景氣的低靡，莫不極思振作。

大家關心的是經濟景氣振興復甦的問題，連戰也有他的見解。在他擔任行政院長時，就很注意某些經濟指標了，例如當時對外貿易成長比前一年的百分之二十低，民間的實際投資只有成長百分之四點五，可以說是非常低落。由於這些因素互相激盪，在就業市場方面，失業率曾高攀到百分之三點二。不過，後來指標逐漸回升，對外出口再度成長至百分之十二，十月工業產值較上一個月增加百分之五，十一月失業率也降到百分之二點九，外貿出超已達一百二十億美元，成長百分之七十五，這些數字顯示當時我國經濟景氣已走向復甦之道。但是，他仍在苦思如何因應景氣的轉變與我國經濟體制改變的關係。連戰對各種問題，都有很深入的研究，從他所採取的措施，也可以看出他的人生哲學。

有關貨幣供給問題：連戰採取寬鬆貨幣政策，中央銀行對存款準備率、重貼現率已做多次調降，從民國八十四年九月起，每一個月更投入將近六十億元的郵政儲匯轉存款利息，使貨幣市場保持寬鬆，有利民間資金的籌措與調度。

有關股市問題：股票市場由於中共導彈的軍事威脅大受影響，連戰深覺穩定股市的重要性，所以就成立了「股市穩定基金」，很成功地穩定股市情況。後來，有關勞保基金，乃至勞工退休基金進入股市的上限，也調漲到百分之三十。另外，外國法人及自然人投資單一上市股票的額度，也提升到百分之二十。這種自由化的做法獲得國際社會的肯定；所以，道瓊、摩根史坦利指數都把臺灣的股票視爲新興自由市場指標的一種，這是非常明確的發展。

有關中小企業問題：連戰認爲在景氣低迷的階段，更應該多加關心與注意，尤其中小企業仍是國家經濟發展及穩定的基礎。政府在土地方面，臺糖與政府除了開發與都市相聯結的工業區以及緊鄰都市的臺糖土地外，另也將提供給中小企業以滿足其土地需求；除此之外，爲保障中小企業資金，政府提撥「信保基金」新臺幣一千八百億元，同時鼓勵他們成立保證互助制度，讓中小企業彼此協助；經濟部也成立「育成中心」，使剛起步的中小企業獲得更良好的環境，並逐步放鬆其上櫃及買賣交易條件，使其取得中長程資金；另外放寬廠房、土地之限制，中小企業研發經費稅捐抵免門檻也予降低。

有關房屋營建業問題：連戰觀察臺灣地區對房屋的需求，每年大約十萬至十一萬戶，但在他執政期間，房屋建設增加四十七萬戶，供過於求，整個市場陷入困境。爲解決此問題，中央銀行將一千億郵政儲匯金，以百分之七點九長期低利貸款，幫助頭一次購買房屋的民眾；除此之外，內政部將輔助民眾採買住宅貸款，由每年的七千二百戶提高至每年三萬戶，每戶貸款額度爲一百六十萬元，在這樣的計畫下，政府另需提撥九百六十億元以復甦我國營建事業。

有關失業率問題：連戰認爲失業率有其季節性原因，也受到景氣低迷影響。原本失業率高達百分之三點二，經各單位共同努力，加強職訓、青年人第二專長培養，受輔導就業的青年人約已超過三萬人，失業率也降低到百分之二點九。

有關民間投資問題：連戰發現政府釋出農地、勞工問題獲得解決，交通、電信事業也已陸續開放，都有其成效。經建會因政策層面考量，組成「投資障礙排除小組」，由政策方面解決投資所遭遇的困難；經濟部也成立「促進投資指導委員會」，由實務方面，成立單一窗口，解決任何投資計畫問題。如此雙管齊下，民間投資已見回升。

有關政府投資問題：連戰當時認爲政府公共投資成長，並未達到比預計的標準，公共投資部門應加以檢討。

與國際接軌

臺灣是一個海島，沒有豐富的自然資源，所以對外貿易就成為我國經濟發展的最主要因素。

經濟自由化、國際化既是不可避免的趨勢，因此如何因應轉型，完成我國經濟體制的改變，是值得思考的問題。假如反其道，或反應不夠，國際化、自由化的衝擊就可能反撲，使我們受到傷害。所謂經濟國際化及自由化，在連戰的想法裡，政府應該要加以檢討，並退居為仲裁、管理的角色，而不是凡事干涉、參與競爭的經營者，所要做到的是「小而精」，非樣樣都管，而是管的精、管的貫徹，這就是政府應做的事。

所以，連戰認為民營化要快一點進行，獨占事業也要儘快釋放，生產因素管制應取消或減低，政府作業應透明化、公開化，重要的是民間參與機制應儘速成立，透過法令政策，使民間企業成為國家經濟發展的夥伴。

連戰一心把政府的經濟國際化，指的是需打破國內及國際市場間的界線，讓臺灣的

市場能與國際市場融合在一起，資金、人員、貨物、資訊、勞務都能自由流通，這也就是當年亞太營運中心基本的立場。

連戰認爲臺灣應該是投資者認爲具有良好條件的地方，但是台灣有優勢嗎？他認爲我們另有許多優惠條件，如具有高科技產業等，但今後應努力的方向是如何建立所謂「低稅賦、無障礙」的投資環境。

他的意思是說，目前兩稅合一的作法已逐漸形成共識，其意義是全面性降稅，而非選擇性做租稅獎勵；擴大稅基、降低稅率，才是正道，也可建立全民共識。尤其爲加入國際貿易組織，必須符合國際貿易組織有關關稅的規範。經過過去幾年的努力，台灣實質關稅稅率已大幅降低了，這些作爲與發展都表示我國在國際上有相當競爭的空間。而匯率，可以說是以外貿爲導向的國家的重要因素，它決定了競爭力以及市場的大小。

連戰在執政階段曾作過研究，由於當年曾遭遇中共的文攻武嚇，使台灣短期內出現非理性的資金外流情況，幸好中央銀行及因應小組及時採取穩定機制，仍維持了穩定的價位。後來中央銀行提出所謂實質有效匯率指數，與台灣主要十五個貿易對手國比較，我們的外匯及物價都還算低，換句話說，在對外貿易方面，我國還有很大的競爭空間。

所以他認為，當時台灣的投資環境，說起來應該還算不錯的。

另一方面，台灣經濟發展，與兩岸關係是息息相關的。中共威脅的因素曾影響我國股市，飛彈演習亦使我國出口成長率降低過。大陸的一項軍事演習，竟能使得兩岸同胞福祉都會受到這麼大的影響。所以連戰認為，任何以政治力量不當干預經濟活動，遲早將受到所謂「看不到的手」的反撲。在兩岸關係經濟領域中，他具體建議以市場做為界面，以促進兩岸經濟的交流。過去他執政的時候也是從基本理念出發的，除放寬大陸貨品進入、間接對大陸投資、間接通匯，乃至於放寬保險、股票相關事務的交流等，再加上設立境外轉運中心構想，以促進兩岸貨物、人員各方面的交流，這都是希望兩岸能達到「雙贏」的一項策略。

但是，連戰認為大陸目前對外經濟、政治行為，仍存在很多不可預測的因素，台灣的一切規畫作為，還是應該小心一點比較好，不可急躁，這也是當時一再強調「戒急用忍」的意義了。

財經四五六政策

什麼叫做「財經四五六政策」？意即在最快的時間讓失業率小於百分之四、讓經濟成長率大於百分之五，在六年內讓國家財政回復平衡，結束債台高築的情況。

連戰認爲，債台高築是造成貧富不均重要原因之一，所以四五六政策是國民黨終結貧富不均的政策承諾，這也是國民黨曾經有過的財經政見主軸。

爲了總統大選，藍綠都說要拚經濟、拉攏企業界，社會大眾也看在眼裡。坦白說，台灣政客早已練就一套爐火純青的嘴上工夫，談起經濟，人人指天誓地，講得頭頭是道、嘴角全波。然而，朝野宣稱要拚經濟，可惜一向看不出成果。

政黨輪替後，國民黨變成在野黨了，連戰仍在思考財經問題。

他爲了展現拚經濟不落人後的決心，曾經特地由國民黨中常會安排前主計長韋端，就「國家的眞正危機在國債」提出專題報告。據說，政黨輪替後，政府債務倍速累積，過去三年增加的債務達八一三六億元，中央政府債務累積的速度爲前八年平均的二點一七倍，若以債務累積速度來看，高達三點六九倍，國家債務急速惡化。以中央與地方政府之長期債務三兆六千八百四十億元，加上中央與地方政府之隱藏債務七兆三千零七十七億元，合計未償債務餘額高達十兆九千九百一十八億元，占GNP百分之一百十一點四，可見政府整體債務問題非常嚴重。

當前中央政府債台高築、債留子孫，但政府卻變相加稅，包括調漲學費、健保雙漲以及交通罰款倍增，造成台灣貧者越貧、富者越富，更演變成「一台兩國，一邊是窮人的國、一邊是富人的國」。為解決台灣日益嚴重的國債問題，於是連戰推出「四五六政策」的承諾。

另外，他曾經主張的黨產交付信託，在國民黨下台之後，仍在運作中。國民黨中常會也通過黨產交付信託案，國民黨所屬中央投資公司高達二百廿億元的黨產，將交付瑞士信貸公司信託，在連戰的想法裡，國民黨完成中投公司信託之後，處理黨產的事就交給專業經理人來解決，國民黨將不再過問，也不再介入。這也是他未來的經濟政策的一部份。

10

災變悟道

勝武（按：連戰次子）在薩爾瓦多出生那一年，薩國那一回的地震規模是七點四，我親身經歷過這種巨型地震所造成的災難，這一回望天佑台灣。

我第一個想法是要到震央的埔里看一看，上直升機前，我告訴指揮官，到埔里，後來還有人問我，怎麼會想到埔里，怎麼會想不到埔里？這裡是震央啊。凌晨在台北救災中心時，當時報告的死亡人數是十七人，上直升機前，人數已增加到一百餘人，一路上心情沈重。

到了埔里才發現整個問題遠比台北所得到的資訊更嚴重，通訊、道路都斷了，走往埔里基督教醫院的路上，還有發財車、小卡車載著傷患，這些都是我們的兄弟姐妹、家人，這個時候，為了搶救生命，各種交通工具都用上了，有人還一路哀嚎著，沒有氧氣、沒有藥品，救救我的家人，看到這景象，心裡更加沈痛。不禁聯想到，生命如此脆弱，如果用在政治內耗上是太不值得了。

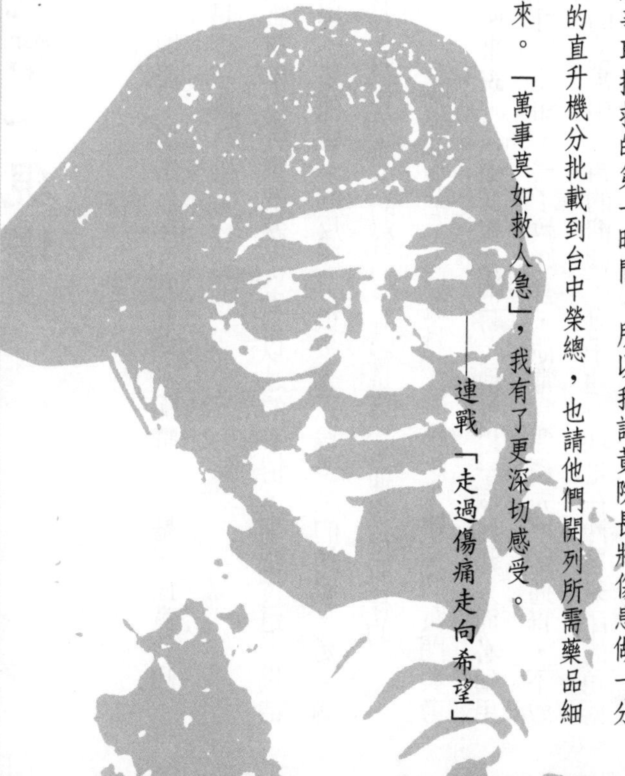

基督教醫院黃院長告訴我，醫院裡沒水、沒電，重傷患都必須運送至外地，隨我而來的三架直升機是這個時刻埔里與外界聯繫的唯一管道。當下我告訴自己「我不能走」，直升機要留下來為埔里人爭取搶救的第一時間。所以我請黃院長將傷患做一分類，排定優先順序，由隨我而來的直升機分批載到台中榮總，也請他們開列所需藥品細目，把所需藥品回航同時轉送進來。「萬事莫如救人急」，我有了更深切感受。

——連戰「走過傷痛走向希望」

第一時間，趕赴第一現場

驚動台灣的浩劫——九二一大地震，發生在一九九九年。那時，還是國民黨執政，連戰擔任的是副總統一職。總統是李登輝。

身爲執政黨第二號人物，連戰自是以戰戰兢兢、全力以赴的心情，來應付這一場浩劫了。「第一時間，趕赴第一現場」是他當下的反應。很多人以爲多金的連戰，是「啣著金湯匙出生的公子」，因而抹煞了他在公職上的努力，其實是很令他覺得冤枉的。

事實上，到了此刻，他已六十三歲了。過去半百歲月，歷經多少艱辛的奮鬥與考驗，恐怕只有貼身的人知道。舉例來說，在美初執教鞭時，他就以一個外邦人而必須用人家的母語教政治學，緊張心情可想而知，爲了教好書，他常常要預先準備通宵，不敢成眠，在美國所住的窄小、簡陋的公寓中一再的演練，妻子連方瑀坐在沙發兼床的角落充當觀眾和評審。連戰當時就是以戰戰兢兢、全力以赴的心情，換得了學生的肯定、校方的器重，直到教書第二年，才敢買一架電視機稍做休閒活動。

剛剛回台大教書時，他也不例外地特別努力，深恐自己的洋學不合於本國環境，所以加緊對國內教學的研究了解。當時呼呼北風由玻璃縫穿越，太太燒好的小菜一端上桌就涼了，還經常必須穿著大衣入眠，儘管天氣如此寒冷，他在台北市基隆路的學校宿舍中，仍得踩著吱吱作響的地板，來回踱步，從頭練習用中文講解，直到熟練為止。

至於薩爾瓦多兩年外交使節的歷練，更讓連戰體會到在外做事的艱難。據他的描述，中南美洲民性熱情，且多為軍人政府，要想建立友誼唯有多多喝酒邀宴，為了製作大量春捲、炒麵、酸辣湯以供經常需要的流水席，每週二、五下午五到六點鐘，由妻子連方瑀親自前往當地唯一的白人所開東方雜貨店搶購空運的豆腐、白菜或韭黃、木耳，全館大小人等站在廚房終宵搶包雲吞或炒米粉，他則奉陪客人雅興，往往要到午夜三點，而一早五點，又得起身準備赴機場接賓客或送要客，就這麼自己貼錢、貼時間，建立起與薩國政要深厚的友誼，所以薩爾瓦多原本在台不設大使，僅由駐日大使兼任，自連戰打通關節之後，對方特派他的好友艾雷拉大使駐在台灣，五、六年沒換過人。像這樣辛勤的耕耘，連戰都是以戰戰兢兢、全力以赴的心情去做的。

連戰次子連勝武在薩爾瓦多出生那一年，薩國也碰到一次大地震，規模是七點四。由於曾經親身經歷過這種巨型地震所造成的災難，所以這一回他處理台灣的災難就格外的謹慎。

捐出兩億元的選舉經費

很多人都說九二一大地震，是百年來最嚴重的地震，根據記載一九〇四年斗六地震，一九〇六年梅山地震，一九三五年新竹、台中地震，一九四一年中埔地震。台灣曾遭遇這麼多的大地震，但就人員傷亡及損失來看，這一次一定是名列前茅的災難。

連戰是在當年九月二十一日凌晨於搖晃中醒來的。他第一個想法，就是要到震央的埔里看一看。第二天，李登輝總統才指派他擔任救災督導的召集人。所以，他的主動性是很高的。

遇上這樣的災變，走在埔里的道路上，見到老百姓表現的堅忍卓絕的精神，他似乎又看到小時候抗戰時期中國人的精神。一路上因爲通訊中斷，直到下午近四點離開埔里時，他才與行政院副院長徐立德連絡上，他通知徐副院長，此時救災優先，所有的選舉活動都立即停止。連戰也告訴他，問題的嚴重程度遠超過台北的了解，請他與立法院的王金平院長等人連絡，研究動用憲法緊急命令的可行性及適當時機。

在連戰的想法裡，非常時期必須要有非常作爲。後來，連戰再到彰化員林、雲林斗六，看見倒塌的大樓裡面還在冒煙，消防隊忙著灌水滅火，重型機械還在開挖。他眼見許多同胞在他們的努力下救出。等到趕回台北，已經晚上八時。

當天晚上在總統府開會，行政院與參謀本部分別提出十五項及十二項的措施，連戰的心中落實不少。回到家十點多了，他的妻子連方瑀告訴他，她捐了五百萬元。連戰便告訴她，他已經決定停止選舉活動，原訂用於選舉的兩億元經費應該捐出去，她也贊成，於是隔一天早上他就宣布把這些錢捐出去。

根據連戰的回憶，當時災區沒水、沒電、

交通又中斷，物資急切需要充分供應，尤其是奶粉、手電筒、收音機，更要動員全國童子軍提供帳篷或向外國進口，並且要注意消毒等工作，同時得疏導災民撤出危屋，更要防範部份不顧大局的人囤積居奇哄抬物價。該做的事還眞不少！

連戰劍及履及，立刻把經濟部、交通部、公平會、國防部動員起來。另外，就是要安民眾的心。他拜託公共工程會主委蔡兆陽，一定要做好房屋鑑定的工作，而且一點時間都拖延不得。是危屋，就要拆了；可以住的房子，不要空著。他都要求必須在最短時間內完成。

他那時還與省主席趙守博研究，決定請省府委員分赴鄉鎮市災區，深入了解，協助一切救災工作。他認爲只有深入第一線，才可能知道如何妥善安置災民，解決災後的善後問題。

在救災過程中，連戰是個默默的耕耘者。

做官的嘴臉，深惡痛絕

這次震災損害層面既深且廣，而且是國民黨政府從未面臨過的重大災難，事前準備自然難以萬全。中央及地方政府雖全力投入救災，在斷訊、斷電、斷路狀況下，難免發生指揮調度及救援聯繫困難之現象，這時愈凸顯國軍全面投入救災之急迫性，而此種大規模投入涉及到軍政指揮權責，所以一定要有專人來負總責才行。

於是，九月二十二日，總統府又召開第二次高層會議，那時李登輝總統宣布成立「九二一地震救災督導中心」，由連戰擔任召集人，統一督導協調中央、地方政府及國軍全力投入救災。

由於這次震災的影響層面太大了，並不像以前風災、水災多半只局限在一部分地區而已，所以才會把督導協調的層次提昇得這麼高，由總統發布緊急命令來推動救災復原重建的工作。

救災、復原及重建工作，一點也不能等待，如果按現行法令行事，將曠日費時，緩不濟急，無法滿足災民需求及重建的需要。所以，九月二十五日晚間，總統依據中華民國憲法增修條文第二條第三項規定發布緊急命令，讓政府能夠突破相關法令的限制，例如徵用民間用空地、救災器具與車輛，以及簡化都市計畫變更作業等，以利救災及復原重建工作的推動。

連戰在這過程中最欣慰的就是：三分鐘內成立了「緊急應變小組」。

九月二十一日凌晨一點四十七分地震發生後，內政部就在三分鐘內成立了「緊急應變小組」。行政院蕭萬長院長隨即召集相關部會首長進行緊急會商，在不到一小時之內，兩點半就成立了重大地震中央處理中心，統籌指揮應變，並宣布了九項緊急處理指示。而當天，李總統、蕭院長與連戰在天剛拂曉時，就趕到災區了解災情，指揮、協調與聯繫搶救、援助的事。

不過，九二一的親身體驗，讓連戰也看到一些令他不快的一面。在那種情形下，有良心的人都只擔心不能為可憐的災民多做一些事，不料居然還有人在這時想做官！那種做官的嘴臉，他也算感受到了。

根據連戰的回憶，到了第三天晚上，他利用開會的空檔時間，與省主席趙守博一起到收容中興新村精誠社區居民的廣場去看看。連戰在一九九〇年曾經擔任過台灣省政府主席。所以他見到的那些人，都是以前省府的老同事，幾百戶老老小小就靠著搭帳篷暫時居住在這個廣場上，有人還向連戰提起了他的父親，讓他備覺溫馨。於是，他更覺得老同事的安身之所，一定要早日解決。

後來，連戰再直接與當地鄉鎮長開會，豐原市的張市長向他反應，還有一些檢察官很惡劣，居然規定驗屍時要民眾把屍體抬到檢察官面前！

連戰認爲，如果這些抱怨是眞的，那眞是太可惡了！地震後，百廢待舉，只擔心不能爲這些可憐的災民多做一些，竟然還有人在這個時候想著做官，那種做官的嘴臉眞令人心痛。他要法務部一定要查明，不能讓少數檢察官壞了所有檢察官的名聲。

電力供輸不均

除了這件事之外，這段時間，連戰對台灣整體區域發展往北部集中的情形，也有另一番感受。這件事激發了他的正義感。

尤其在九二一之後，民眾用電非常不便，而台電人員上山下海也非常艱辛。當時，整個輸電線系統立即搶通，分區停電長達二十天的北部，不久民眾就可以免受停電之苦：因此我臨時決定前往台電全省電力調度中心，向這些二十天來不眠不休搶通電力的工作人員致謝。雖然這段時間，民眾用電非常不便，但台電人員的辛苦，也是有目共睹的。

連戰的感慨是：自從一九八六年新台幣大幅升值，由一美元兌四十二元新台幣，升值到一美元兌二十五至三十元新台幣的過程，引發台灣傳統產業與勞力密集產業集體外移，而這種外移的產業大都來自中南部，當時，他到中南部的工業區參觀，就很明顯看到許多工廠關了門。

當經濟法則迫使台灣的產業做一重新的分布後，政府的政策反而刻意要迫使台灣的產業選擇往中南部發展，這就說不過去了。

自從傳統產業外移的風氣形成之後，產業分布的情形更加不均衡，也更過分的往北部集中，勞工、人才都北移，南電北送、南油北送都是在這種產業往北部集中所造成的結果。

連戰認爲，雖然這並非政府政策要重南輕北，但當經濟法則迫使台灣的產業做一重新的分布後，我們的政策反而要刻意促使台灣的產業選擇往中南部發展，這是當初決定成立南部科學園區、台南科技工業區、中部航太與機械專業區及可能在中部成立科學園區，並協助中南部的出口加工區轉換爲倉儲轉運中心的主要原因。這點，是他所不能釋懷的。

連戰看見了這個趨勢，他一直想要將趨勢扭轉過來，或做一番調整。

一九九五年九月，連戰曾向立法院提出電業法修正案，基本理念是自由化，一方面讓民間可以投資電廠，另一方面，也讓電力消耗較大的區域可以自己供電。不過，在調整的過程，光就電力本身來說，北部地區依賴南電的情形仍無法改善。

以一九九九年七月二十九日的大停電與同年大地震所造成的停電來看，新竹科學園區就是這種應讓他們擁有獨立供電系統的區域。

在連戰的想法裡，台灣的新竹科學園區影響是很大的，因爲其中部分廠商所生產的元件，全世界的市場佔有率都非常高，一旦停產，影響的是全世界的資訊業，更可能造成國際對台灣這塊土地投資環境的不信任，所以他覺得自己有無比的責任感，想要去改變它。

後來，連戰果眞在中常會進一步就水電供應、產業發展、中小企業災後重建以及觀光事業等問題提供建議。他認爲，台灣經過兩次大停電，已經顯示供電系統存有嚴重缺陷，北部地區的用電需要靠南部來支援，風險極高，過去對於單一輸電系統或多元輸電系統仍有爭議，經過這兩次爭議，應不再有爭議，應朝多元輸電系統及民營化的方向來解決這個制度性的問題。而電力運送所反映出來區域發展不均的現象，更促使我們堅定向中南部及東部發展的決心。

救災一個月的成績單

根據連戰的回憶，當年九月二十一日到二十七日，短短一週內，國民黨政府的決策者已掌控整個災區情勢，並因應不同階段的災情，建置必要的救災組織機制：依序作出救災、安置及重建的具體措施，充分顯示出政府的決策及應變能力，迅速而且能切合災情需要。

行政院與相關部門在掌控災區情勢後，有效統合調度救災所需的人力、機具及物資，更針對災區復原及重建需要，設置專責組織，提出周詳長期的規劃作法。

在事後的檢討反思中，連戰認爲當時政府緊急決策與應變的處理能力，比起日本政府在阪神地震期間的決策經驗，並不遜色。

根據他蒐集的「成績單」，一個多月來，在中央與地方協調合作下，國軍、警察、消防與救難人員的不眠不休，各項安置及收容工作已有具體成效，包括：

慰助金發放：雖換不回已離開我們的親人，但可讓災民感受到同胞的愛與關懷，也可減少災民財力上的負擔。中央已核撥縣市政府相關經費約二二一・八億元，其中，死亡者慰助金的發放已近百分之九十五・五、重傷者達百分之九十，房屋全倒已發放九〇億四、五二〇萬元，半倒已發放三二億八、七五〇萬元，發放已達百分之九十，其餘未發放者多爲有爭議須複查者。

危險建築物拆除：危險建物必須迅速拆除，重建才能順利展開。截至當年十月二十八日的統計結果，已完成拆除二六、四〇一棟，其中國軍配合拆除二五、二六二棟。當年十二月六日再次調查結果，已鑑定待拆除九四一二棟。

電力設施復建：搶修完成中寮超高壓變電所及相關超高壓輸電纜設施，化解了南電無法北送的困境，解除了全台的限電危機，分別解除特高壓及工業區用戶限電措施，解除民生用戶的限電，讓全國民眾恢復正常作息，使得經濟與產業活動得以恢復運作。

自來水復建方面：台中縣、市及南投地區供水管線完成搶修，僅少數偏遠地區及臨時組合屋，設置供水點或以給水車供應。

交通設施方面：鐵路山線受損隧道搶修完成，恢復全台南、北鐵路雙向正常通車。各災區對外主要聯絡道路大多搶通，台三線、台十六、台二十一及一四九線等有十處路段，雖已搶通尚未完成修復，尚未搶通僅餘台八線之二處路段。

設置流動廁所：各災區原規劃設置一三〇〇座，實際設置一、三八五座。

災區學校復課情形：搭建二、一一八間簡易臨時教室，已完成一二〇七間，讓災區學子的教育能夠不致中斷；此外，針對個別學校及學生的需求，安排寄讀或轉學措施。

建築廢棄物清理：完成設置堆置場九三座，容量爲一、一五四・八萬立方公尺。

環境消毒工作：預計消毒面積累計四、五〇〇公頃，完成消毒面積累計四、九〇七公頃（受災鄉鎮市至少消毒四次以上），完全杜絕災區發生疫情。

提供一千億元辦理災民重建、購屋及修繕低利貸款：興建五、三一六戶臨時組合屋，已完成一三三三戶，安置災區民眾，讓災民免受餐風露宿之苦。此外，對於無意願居住臨時組合屋的民眾，則提供每人每月三千元之租金補貼，或優惠承購國宅。

未雨綢繆，即知即行

連戰認為當時政府應變能力，不比日本政府在阪神地震期間做得差，主要是因一個月搶修完成基礎民生設施，是值得一提的事。

事實上，無論中央、地方政府在這次震災的表現是有目共睹的。以災民各類慰助金的發放作業為例，日本政府在阪神地震一年後才開始辦理各種災民慰助金的發放作業，對照我國的情形，政府在一個月內便幾乎完成所有死亡及重傷者慰助金的發放，房屋全倒、半倒部分之發放率亦高達九成，的確發揮了及時濟助災難的功能。至於鐵路、公路橋樑、電力、自來水及電信等公共設施的搶修工作，更是不可能的任務，但我們的救災人員硬是在一個月內把這些工作完成了。

此次台灣百年來最大的地震，所造成的損害傷亡，是空前的，更是對政府防災體系一次嚴厲的考驗。在連戰的想法裡，防災的路，沒有終點；人們的努力，永遠都不夠。

在慘不忍睹的災區，他看到許多政府的救難人員不眠不休地在進行救災工作，也讓他想起了當初在行政院那一段建立防災體系的歷史。

那是一九九四年元月十七日，美國發生了洛杉磯大地震。當時，連戰就曾「觸類旁通」地思考過，台灣位於環太平洋地震帶上，在歐亞與菲律賓板塊的夾縫中，地層並不穩定，大地震隨時都可能會來。而我們的防災體系還沒有完整的構想，如果發生類似這種規模的大地震，後果眞是不堪設想。

連戰的人生哲學是「即知即行」的。既有這樣的顧慮，因此在三天後的行政院院會中，他就特別提出這個問題，並且請當時擔任政務委員的黃石城先生邀集相關單位，就預防地震的設施、編組、演練、宣導、教育、與醫療救災體系等等的因應配合措施，研擬具體可行的計畫。那時連戰說過，大地震在台灣，不要去討論會不會發生的問題，而是發生後如何加以處理的問題。

作爲一個政治人物，連戰認爲我們要未雨綢繆。提早一分準備，就減少一分傷亡；多做一分準備，就增加一分安全。聽了連戰這樣說，當時的黃石城先生就邀集了相關單位及學者專家多次開會研議，並由內政部草擬了「天然災害防救方案」草案。這個案子經過六次的審查，對各方意見都詳加研究。

「天然災害防救方案」就是在這樣的考慮下，將政府要處理的災害範圍擴大，並將名稱修定爲「災害防救方案」。

凡事豫則立，不豫則廢

連戰是有先見之明的。當年這一項方案，在一九九九年的九二一震災中發揮了效果！最具體的例證，是在地震發生後三分鐘內，政府就成立了「緊急應變小組」；在二十分鐘內，中央就成立了「九二一地震中央處理中心」。

「凡事豫則立，不豫則廢。」在這裡獲得了最好的詮釋。

這一次投入救災工作貢獻極大的國軍部隊，也是在震災發生後，立即由國防部與參謀本部依據「災害防救方案」及「國軍動員支援搶救計畫」，向各部隊下達指令，同時不待指示，立即投入了救災工作，並且在清晨六時成立「九二一震災應變指揮中心」。這些都證明了，只要建立應變的制度，遇有災害，自然可以發揮迅速反應的功能。

除了建立防災體系之外，第二項重要的工作，就是要成立專業的救災幕僚與業務單位，加強平時的準備與演練，以及災害發生時的統籌聯繫工作。

其實，連戰早在一九九〇年服務省府時，就注意到我國雖然經濟一直在進步，但公共安全的問題也日益嚴重，這不是一個進步國家應該有的現象。但因爲那時事務繁忙，無法在這點上多加發揮，直到自己的職務更上一層樓時，他才有了行動。

一九九三年二月，連戰經李總統提名爲行政院長，獲立法院八成同意票擔任。其後，他的動作就很大了。那一年四月，「辜汪會談」在新加坡舉行。五月，他首先揭示「向毒品宣戰」政策。七月，成立「亞太營運中心」，推動「十二項計畫」。八月，獲中國國民黨李登輝主席提名，並經該黨十四全大會通過出任副主席。以建立「廉能政府」爲目標，推動行政革新，精簡政府人事組織。

擔任行政院長，既然要求各機關精簡人力，裁併機關，但對於關係到救災與公共安全的消防單位，他卻主張消防署一定要從警察系統分離出來，以專業的方式負起防災與救災的責任。

這一點，他非常在意。尤其當洛杉磯大地震發生後，更讓他覺得這個問題實在是非常的急迫。他還特別催請當時的內政部要趕快制定消防署的組織條例，加速消防署的籌備工作。同時，要求有關單位進行建立完整防災體系的工作。「災害防救方案」就是在一九九四年八月四日那天頒行的，並且開始著手研擬防災基本計畫，在第一次中央防災會報開會通過這項計畫。

日本的阪神大地震，正是在洛杉磯大地震發生後整一年的同一天接著發生。

大家對這一次的大地震印象更爲深刻，不僅因爲日本與我們相鄰，也是因爲它的確造成了非常慘重的損失。雖然這時候台灣已經頒布了「災害防救方案」，但面對全球接二連三的大地震，對於這個體系的運作以及消防署的成立，更增加了內心的急迫感。爲了學習日本的救災經驗，連戰甚至特別派人率團到日本去實地考察。一九九五年三月一日，消防署於是正式掛牌運作了。

安全決策，應「一條鞭」執行

防災體系建立後，歷經了賀伯颱風、口蹄疫等災害，但規模七．三級的空前震害，是首次考驗這個體系運作的能力。連戰走遍了災區，看到各級政府與社會各界都全力投入救災與安置的工作，非常的辛苦，他曾經自我檢討，當初建立的這個救災體系是否已發揮了若干作用。在實際執行過程中，連戰發現，中央的決策要落實到地方的執行，縮短層級可以產生很大的效果，不僅中央決策可以更貼近基層的需要，基層的聲音也可以毫無打折地傳遞到中央，避免了層層轉報的誤差與時差。所以，行政院在一九九九年九月廿七日成立了「災後重建推動委員會」，由當時的劉副院長領軍，直接進駐各鄉鎮，成爲地方與中央最直接的橋樑。

在連戰的思考裡，爲了使災害防救的工作，從防災組織、防災計畫、災害預防、災害應變措施、災後善後復原重建等等，都有法律的依據，而且在災害發生時，能有迅速有效的機制，來發揮指揮協調的功能，連戰也要求內政部草擬了「災害防救法」草案。最後，這個草案於一九九五年十一月送到立法院審議。

可惜的是，這個立意良善的法案，竟然胎死立法院中，並未審查完成，以致於又退回到行政院。連戰非常感慨的是，日本方面，他們為了防災，已經有了至少三項很重要的法規：「災害對策基本法」、「大規模地震對策特別措置法」、「石油精煉設施等災害防止法」；而我們台灣卻連一個小小的「災害防救法」，都未能得到立法院的重視。

連戰認為：防災，是不能存有僥倖心理的。

儘管提出了部份的成績單，但是連戰的滿意度並非百分之百的。但是，他認為防災不能馬虎。只有一百分才算及格。否則對老百姓的生命便無法確實保障！

從這一次的大震災後的應變來看，他就曾經捫心自問：政府防災體系的運作，是否達到它原來的構想與目的？當然，沒有一百分的救災，但政府卻一定要以一百分來要求官員力行。

在他的觀念裡，老百姓的房屋倒塌了，可以再蓋；但人走了，卻是父母官終身的遺憾。檢討，不僅是告慰罹難者的心靈，更要從血與淚的教訓中汲取經驗。防災的路，沒有終點。天然災害，我們無法阻止它的來臨，但至少我們可以做好準備，減少生命財產的損失。連戰相信，每一個生命都是無價的，每一個生命都是許多生命的牽掛，能減少一個生命的損失，所有的努力都是值得的。

11

眞實個性

對日抗戰前後，父親轉職西安、重慶，我在西安出生，啓蒙教育也在戰火連天中更迭動盪，一年級到五年級共換了四所學校。作秀小學一年、北新街小學兩年的西安時期，小心靈裡只知道危機常在咫尺之間，父親在中央戰幹團工作，雖說軍階為少將，但戰時生活艱苦萬分，記憶中，他每日穿著粗麻布的軍服，天不透亮就得動身出門，沿著城牆從城東走到城西上班。那時戰火正當熾烈，西安屬日軍轟炸重鎮，幾度炸彈就落在鄰舍屋簷。父親這樣朝出晚歸，看著他小心翼翼在砲火中穿梭的身影，真不知這一揮別後，是否還能再見到他平安踏進家門。母親和我鎮日活在恐懼之中，相依為命。

九年西安煎熬之後，一家三口遷到重慶，開始了無「家」可言的日子。父親隻身在李子壩工作，為著我們母子的安全，將我們安置在母親任教的黃桷椏南山中學宿舍裡。愛國又愛家的父親，每到星期天的清早，就必須從李子壩過長江，翻山越嶺，來回數小時步行，直到草鞋磨破、兩腳鮮血淋漓，才能到達南岸黃桷椏與母親和我見上一面。往往相聚未及盞茶，又已到了他兼程往回趕路的時刻。每在黃昏暮色中，倚門凝望父親清癯削瘦的背影，漸行漸遠，先離死別之感，常不禁令我縱身母親懷抱，相擁泣下，孤寂無助的心情，幸賴父親這份深摯的愛心得以撫慰、平復。

——連戰「圓圈裡的頑童」

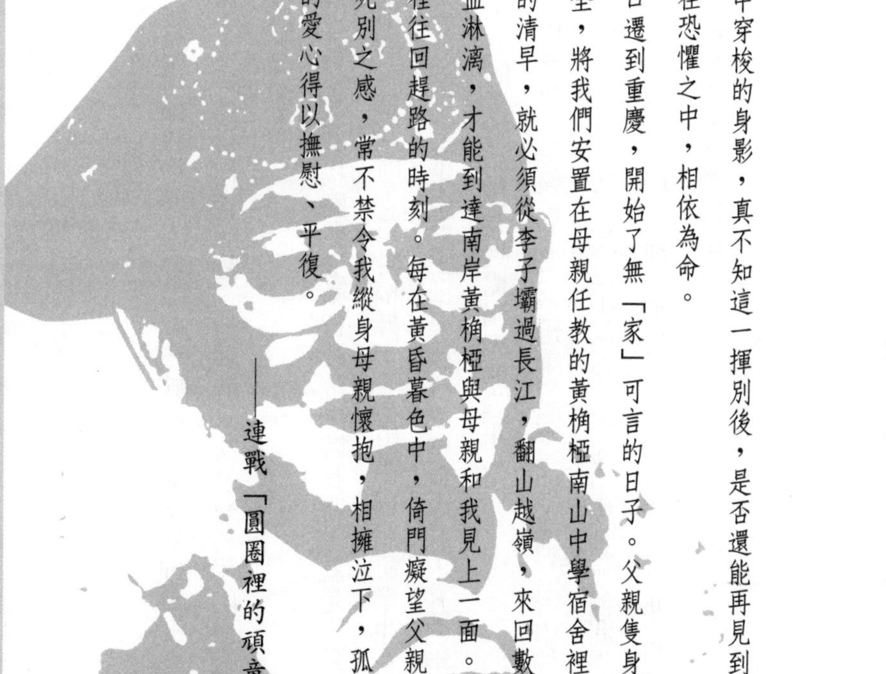

幼年經歷的苦日子

連戰雖然是學政治的，但是從小就學過藝術（彈鋼琴、音樂），在少年時代也相當活躍。他對於人文社會科學的重視，完全是誠心誠意的。

據說當年連戰找劉兆玄當行政院副院長時，就是引用附中校歌中的一句話哩！這是根據十一位附中歷屆畢業生在台北市國父紀念館翠溪畫廊舉辦「二○○二年附中五十五週年附友聯展」時，有師大附中校友透露出來的逸事。

師大附中第十三屆寫生會會長楊意亮，是該校三三一班畢業的。他一講起附中校歌就高興，他家有校歌錄音帶、錄影帶、手機音樂，連他小孩都會唱附中校歌。他問過劉兆玄，連戰找他當行政院副院長時是不是用了校歌裡的那句「不怕艱難」，劉兆玄說的確是這樣。連戰本人就常以「不怕艱難」來勉勵自己。

在連戰的記憶中，他的幼年是經歷過苦日子的。例如在他才八歲的時候，他的家長爲了怕他在每天上下學的路上被日軍轟炸，也只好送他住校過集體生活。因此那種穿草鞋、抓蝨子、吃各種非米類穀物混雜的「八寶飯」生涯，他總算也嘗到了。每週能從家裡提一小罐豬油到校拌點鹽巴下飯，已經算是非常奢侈的享受了。事實上，那段時期的台灣，誰不是過著這麼艱困的生活呢！

根據連戰的回憶，他頑皮好動的本性，到了七、八歲的時候，的確很讓他的媽媽和老師傷腦筋的。他還記得當時他媽媽管他的唯一辦法，就是在她非離開片刻不可的時候，用筆在地面畫上一個大圈圈，命他坐在圈圈裡的小板凳上不准出來。如果母親回來發現他沒照媽媽的意思乖乖去做，就會罵他的。

一九四六年，連戰的父親連震東已早一年因光復而返台受命接管台北州，連戰和母

親則是第一次踏返家鄉，插班進入台北承德路圓環附近的日新國小六年級。

他的導師李修和是一個以嚴懲著稱的「魔鬼老師」，而連戰偏偏活潑蹦跳，功課並不刻意追求名次，不過，奇怪的是，直到畢業，竟也從沒挨過一下鞭子。

根據連戰的說法，他這一輩子求學過程都是這樣：從沒拿過第一名，但也從未留級補考！各種成績永遠均衡發展，體育、操行分數倒是特別好。同學們看他這樣的活躍，就常會推選他做班長、會長、總幹事等等。而老師看他的功課和服務態度都不錯，也就不怎麼苛求他非做個乖寶寶不可了。

但是，連戰的媽媽爲了安撫他的頑皮好動情緒，就想出了一個辦法，就是開始要他去學彈鋼琴。他記得當時請來的一位張彩相老師，簡直像是要訓練音樂家似的，非常嚴格。每週一次、每次兩小時的專業訓練，對連戰來說，實在是一件苦差事。但張老師奠下他還算紮實的音樂基礎，直到現在偶而還能派上用場。後來換了一位溫柔可親的蕭老師，連戰對鋼琴激發出由衷的興味，願意主動學習了，這也證實了循循善誘的疏導之功。直到現在，連戰仍然喜歡古典音樂，常常在閒暇時聽聽蕭邦、莫札特，或巴哈、貝多芬的旋律，那就算最怡然自得的享受了。

附中人都是運動健將

很多人認爲連戰是一個很嚴肅的人，這實在是大錯特錯了。服務公職許多年，連戰己被磨成一張不苟言笑的臉孔，其實那多半是壓力與負擔造成的。眞實的連戰，從小就是活潑好動的孩子，一點也不拘謹羞澀。他熱愛陽光與大自然，而且還是運動場上的健兒呢！

當年連戰是很厲害的，同時考取建中、附中與成功高中。三個學校裡，連戰自己作主，選擇了第一個放榜，而感覺上「動感」較強、較符合當時性向的師大附中來就讀。所以，從此連戰就變成了附中人了。

連戰那時都習慣騎腳踏車上學。每天清晨在車後繫上他媽媽一大早做好的熱便當，急急忙忙趕赴學校，滿腦子想的都是運動場上龍騰虎躍的快樂。當時，連戰身兼足球、游泳與雙槓校隊，心情安定又滿足，沒什麼特別喜歡或不喜歡的功課，似乎各科都讀得不錯，尤其有哪一科老師教法新穎、對學生有特殊的輔導策略，他就更喜歡聽課了。

連戰在附中時就被稱為「阿戰」。這個稱呼來自附中高二四班，這一班同學為了懷念那段無憂歲月，至今每年八月二十四日前後都要聚會一次，多年來，只要人在國內，他從未缺席。每每看到當年很愛笑，被他取外號「媽媽臉」的大企業家，以及連他自己都想不起來，何以被他冠上「馬桶」尊稱的大工程師等老朋友，連戰都有一種快感。

不過，根據資深記者陳鳳馨小姐所寫的「遇見百分百的連戰」一書所述，方瑀嫁到連家，可能是經過長輩「安排」的。方瑀的姨父任職於內政部，與連戰的父親——內政部長連震東認識。方瑀還小時，她姨父曾帶方瑀到連家玩，方瑀還記得當時他們二老還拿連戰的照片給她看，介紹這是他們正在國外求學的兒子，方瑀只覺照片中的人呆呆的，沒什麼好看的。

這樣的記述，一定是在連戰讀完台大、已在國外讀書了。聽說連戰在離開附中之後，進入台大，便與高中時的個性漸漸不同。他非常用功讀書，人也慢慢變得穩重起來。於是，便形成所謂的「人呆呆的」。

跑步政治學

很多人並不十分清楚連戰個人的歷史。不曉得連戰年輕時就是運動健將。在附中時，他還身兼足球、游泳與雙槓校隊。因而初聽到「連戰跑步」，多少會有這樣的誤解：此人何以「附庸風雅」？

在連戰擔任副總統的時候，有一次，他花了四十一分鐘，跑了四點二公里的路程。從電視螢幕上看得出來，他很高興！當然，他也不能免俗地說了些充滿哲理的語言：「慢跑與人生經驗有許多相像的地方，不能踟躕不前，也不能圖一時之快，跑太快就會無以爲繼。」

不懂的人還以爲連戰怎麼學起馬英九來了！

慢跑，其實是許多市民共同的生活經驗與習慣，原本不值一提；然而，就因爲參與的是一位極具權威的副總統，立刻就變得很有意義起來了。慢跑，竟變得與人生經驗那麼緊密相連。如果說連戰以慢跑比擬人生，恐怕不能參悟他的禪機，連副總統眞正想要說的，或許是要告訴那些政治上的競爭對手：現在，或許你跑得比我快；但是，跑太快是會無以爲繼的。所以，結論還是：你還是會跑輸我。

所以，有人就說，政治上到底誰能跑贏，其實不是四・二公里或四十一分鐘可以決定的，連戰能跑完全程，只能說，他設定的目標他有能力完成，同理可證，他也有能力打好總統大選這場仗。

這就是連戰自己的邏輯：大家都認爲我不行，好，那我做給你看：你看，我行吧！

其實，連戰是標準的附中畢業的校友。只要知道連戰是附中畢業的，我們就絕對相信連戰是個熱誠活潑的人，因爲當年附中的校風就是如此。影響所及，每一位附中畢業生都是很活潑的。何況當時連戰身兼足球、游泳與雙槓校隊，他的體能應該是相當有底子的。如今要他跑跑步，當然難不倒他的。

但是，跑步歸跑步，如果我們認爲政治人物做過多的表演，就是「作秀」，那也未必。這樣的說法既不應該，也沒必要時，跑步政治學是因人而異的；只不過，當民眾能夠把政治的歸政治、表演的歸表演時，或許不諳表演政治的人，早已屍橫遍野了。

連戰的四・二公里路跑，其實是成功的，因爲他至少把別人一向以奇裝異服、濃妝艷抹爲基調的政治秀，又拉回到健康的道路上來。

連戰是有名的孝子

連戰曾經在接受「台灣省中部五縣市孝行模範表揚大會」製作單位訪談時指出，目前的社會雖已不是農業社會，多數爲人子女者不能對父母晨昏定省，隨侍在側，但不變的是親情，中國人強調飲水思源，知恩圖報，孝順父母是我們固有的傳統文化倫理，也是現代人必須兼顧的價值觀。

連戰認爲，父母親的身教、言教對子女影響甚大，從小他父母親就要他誠誠懇懇做人，實實在在做事，這對他影響很大。而且，他有機會看到祖父寫給父親的家書，明白祖父希望子孫謹慎辦事、忍苦耐勞、旁讀史書、結交良友，這些庭訓對他來說，是歷久彌新，永遠具有參考價值的。雖然社會變遷，使得子女不能對父母晨昏定省，但我們要時時刻刻想到他們的健康、快樂。平日以電話、信函問候父母，假期更可將父母接到自己的小天地相聚。飲水思源是中國傳統的美德，更是現代人必須兼顧的價值觀。

至於連戰本人的孝順，根據他的表姊林文月的說法，是這樣的：「連家父子孝順，在我們的親戚圈內是有名的。」

當年，連戰本來答應方瑀只在台大當一年客座教授，就回美國過他們的日子去了。結果，一年期滿，台大還要續聘一年，連戰再說服方瑀一起留在台灣。方瑀答應了，沒想到這一留，就待了三十多年。

據說，連戰堅持回國的主因，就是基於一片孝心。因爲根據林文月的說法，連戰不論住在哪裡，每天一定要去看看他的父母才去上班。

連戰的母親很早就因中風而行動不便了。生病長達二十年。由於連戰每天早上出門時，他的母親還沒醒來；晚上回來時，老人家已睡了。所以，連戰常利用中午回家陪媽媽吃午飯。甚至爲了這樣的事，連戰也被攻擊過。儘管如此，連戰也很少辯解。

民心是可以喚回的

二〇〇三年八月，支持國親共推的謝深山角逐花蓮縣長，被視為二〇〇四年大選前哨戰。連戰在此次花蓮縣長，最後是贏了。因為謝深山高票當選。

記得二〇〇〇年總統大選時，國民黨慘敗，那時的總統候選人連戰有個人優秀的特質，在幾位總統候選人中絕對不輸其他參選者。但黨內改造工程在人事上擺不平，黨務人事改組形同將國民黨變成政務官的「退輔會」。國民黨在選舉中先是「不知為何而戰」，接著還「不知為何而敗」。

國民黨的慘敗，在黨內檢討聲中，「人心思變」是國民黨得票率如此低的關鍵。

連戰曾發下豪語「不信民心喚不回」，在支持國親共推的謝深山角逐花蓮縣長一仗中，終於證明民心是可以喚回的。

國親兩黨全力動員為謝深山助選，可說是連戰有史以來輔選最辛苦的一次。很多人見識到連戰肯吃苦的一面。

其實，連戰眞實個性的一面，是可以吃苦的。從此次輔選謝深山角逐花蓮縣長、成功完成任務，有人開始發出疑問：連戰是不是變了，這不再是疑問句，而是肯定句，「連戰確實變了」，大太陽下的酷熱，連戰站在「戰車」上連續兩個小時，戰車上的鐵欄杆，燙得無法碰觸，連戰請人把它裹上毛巾，照站不誤。

所有行程，只要必須走路的地方，連戰二話不說，就會跟著走。在花蓮謝深山支持度低迷，國親認爲要連宋一起深入十三鄉鎭，連戰也從來沒說過一個「不」字！

連戰曾從玉里一路掃到光復，從「光復」開始，烈日灼身，連戰喊完了二次政黨輪替下了台。但便悄悄問：「到現在還沒飯吃喔。」一看行程表，還有太巴塱國小百餘位原住民等著呢！

太巴塱結束，三點了，池上便當來了，一塊鹹豬肉配兩樣小菜，但還得趕到豐濱，沿途九彎十八拐的山路，連戰跟宋楚瑜在車上一起吃便當。

根據連戰事後轉述，他在瑞穗差點要曬昏過去，但想到萬一輸了，二○○四年大選眞的去了一大半，於是就繼續苦撐下去。投票前一日，連戰守完夜回飯店，飯店裡用早餐，見女服務生就連忙拜託前往投票。服務生說會去，連戰又追問，來得及嗎，對方答說，下午一點半就下班再去投，連戰還不放過，「一定要去投，拜託拜託，要投四號謝深山」，到了機場，見剛下飛機的旅客，就問「你們來玩的嗎？有沒有親戚住花蓮，可不可以打電話給他們投給謝深山？」如此的連戰，是他真實個性的一部份。

參加這次補選的無黨籍候選人吳國棟落敗後說，對國、親兩黨高層沒有埋怨，畢竟兩黨主席曾充分表達對他的不忍與不捨。二○○四年總統大選，他還是會支持泛藍軍的，他的支持群眾也還是會力挺國親的。美好的一仗已打完，他血管裡流著國民黨的血液，雖被開除黨籍，不會怪連戰的！從這一點來看，連戰還真會做人呢！他不是把吳國棟的心俘虜了嗎？

黨產交付信託，說到做到

在二〇〇〇年參選總統時，連戰就曾提出第三波改革構想，隨即獲得李登輝總統的背書，當時行政院長蕭萬長也跟進呼應。李總統表示，他對連蕭配非常有信心，他向大家保證，「支持他們完成中華民國第三波改革，使台灣成爲新世紀的領導」。

連戰的改革主張是大魄力、大格局、大胸襟的主張，尤其是黨產交付信託的主張，更凸顯連戰無私的道德勇氣，及對優質民主的信念，而且連蕭配一定是「說到做到」。那時，李總統以國民黨主席身分出席頒贈「台灣升級，世紀領航」的匾額給連戰。

蕭萬長則以國民黨副總統提名人身分表示，連戰一肩扛起帶領台灣成爲現代化國家的使命，顯示連蕭了解老百姓討厭的是什麼、喜歡的是什麼。

舉例來說，很多人懷疑連戰提出的黨產交付信託的理念。在他的黨產交付信託後，國民黨投管會「當然」要解散，舊的黨產交付信託，新的黨營事業也不會再出現。

連戰認爲，政黨不從事營利事業，媒體事業只要是營利事業，當然也要交付信託。

所謂的黨產信託管理，是指國民黨所有的股票、土地、現金等資產，全部交付信託業管理，業者擁有完整的管理權以及等同的所有權，在信託期間，國民黨沒有管理權與經營權，只能收取信託業者所給付的現金孳息。國民黨再以這些現金孳息，做為黨務工作經費。

以「共同基金受益憑證」爲例，投資人購買受益憑證後，只能收取受益憑證發放的現金股息，不能干涉證券投資信託公司的操作，這就是連戰所謂的黨產信託。

國民黨將黨產信託後，政黨定位就會很清楚，黨只是選舉的機器，實際上是屬於柔性政黨。

爲什麼連戰很在乎這些事務呢？因爲政黨不營利，政經就會清明。國民黨擁有龐大資產，以往透過七大控股公司主控及轉投資企業，每年賺進巨額利益，維持龐大黨機器運作，並且使國民黨成爲台灣最大財團之一，在全球政黨財富排行也是前幾名的。

國民黨黨產的來源，有戰後接收日本留置台灣物業，又用執政黨的優勢無償占取國有財產，加上多年國庫通黨庫，以及其控股公司在商場及金融市場的操作，財力更是不得了。這些黨產的取得及經營，在威權時代雖深爲民眾詬病，其逐步攤在陽光之下，卻是台灣民主化過程的產物。不過，龐大的黨產關係著國民黨重大利益，既得利益者如果不給它施壓力的話，清查處理進度就很慢了。以黨產交付信託來說，已執行者只占其龐大資產的少數，而政商不分且爲各方詬病的黨營事業，仍繼續呼風喚雨，敗壞政風。所以，連戰才認爲「此風不可長」，黨產交付信託，理當說到做到！

言語攻防

12

國民黨是一個失敗的政黨，同時是一個失敗得非常慘重的政黨，所以希望用失敗的經驗，乃至於過去一些成功的經驗，提出一些具體建議給政府，這完全是出於善意。不是因為閒來無事，開一個會「自娛娛人」，主要是希望用失敗經驗，提出具體做法。這對國民黨而言是一個教訓，但對執政者來講是一個建議。

國民黨在長期的執政中間犯過很多的錯誤，但是這些錯誤好像不散的幽魂一樣，一一籠罩在台灣上空。例如說開會，以前國民黨認為沒有任何的政黨團體開會比得過國民黨，最會開會了，但是今天不然，現在執政黨（民進黨）的確後來居上，並且已經超越。從全國經濟會議、知識經濟會議、經濟發展諮詢會議、三芝會議、大溪會議、谷關會議，一個會一個會不斷地開，開到最後「以會養會」，已經開了將近三年的會。

以前很多人修理國民黨「會而不議、議而不決、決而不行」，這些批評今天對執

政黨而言，也完全可以用得上。國民黨過去的失敗，也失敗在口號很多。現在政府從所謂的知識經濟、綠色矽島、八一〇〇、台灣double、挑戰二〇〇八、兩兆雙星等等，不一而足，執政黨口號之多，與國民黨相比，這不是「青出於藍」嗎？

——連戰在「改革救台灣」研討會上發言摘要

先消遣自己，再批評對手

二○○三年年初，國民黨主席連戰參與智庫舉辦的「改革救台灣」研討會，並主持綜合座談的討論。

從連戰這些談話中，我們可以發現他的個人風格也在改變、修正中。不但儘量與年輕人接近，同時說話方式亦做了技巧的提升。國民黨的失敗經驗給了他極大的反省空間，他不再謹守溫、良、恭、儉、讓的呆板形象，也不再老是不苟言笑的嚴肅表情。在問鼎二○○四年的總統大選之際，他已知能攻、能守，才是眞正的戰將。於是，他的談話就開始不避諱嘻笑怒罵了。

事實上，在國民黨的眼中，長久的執政經驗確也令連戰覺得「大意失荊州」的遺憾，同時也對新執政者「恨鐵不成鋼」的不滿，對於「拚經濟」毫無成效的民進黨格外感慨。

連戰的人生哲學裡，原本就有很強烈的積極趨向，因此認為把「改革救台灣」的責任，交給較無經驗的民進黨，他覺得是太浪費了。他說：「大家看看我們的總統（指陳水扁總統），為了辦所謂的弊案，強調動搖國本也在所不惜。陳總統『寧可選擇媒體，決不選擇政府』、『寧可失去執政，絕不放棄改革』，好多老百姓在電視機前面聽了這些話，都熱淚滿眶啊，比國民黨的那些口號來得更動人心弦。但是，這些路我們都走過了！憑良心講，這些路換不來眞正的績效，換不來民心，也換不來士氣！」

在連戰的想法裡，國民黨過去的失敗一來是開會太多，二來是口號太多。而沒想到的是，取而代之的民進黨也不遑多讓。一樣開會太多、口號太多。

他舉例證明自己並非無的放矢：民進黨政府從全國經濟會議、知識經濟會議、經濟發展諮詢會議、三芝會議、大溪會議、谷關會議，一個會、一個會不斷地開，開到最後「以會養會」，已經開了將近三年的會了。至於「口號太多」，他也指出民進黨政府從所謂的知識經濟、綠色矽島、八一〇〇、台灣double、挑戰二〇〇八、兩兆雙星等等，不一而足。

他的意思是，既然政黨輪替，就不該有舊的毛病。如果民進黨治國不能比國民黨高明，那麼就該把政權「二次輪替」，再返回國民黨手中！在政府公職服務三十多年，歷任大部份的行政部門，並且教書十多年，對於相關事務都保持高度關心和興趣的連戰，此番競選二〇〇四年的總統大選，顯然志在必得的。他明白地宣示，國民黨是已經準備好的執政黨。只要一旦政權轉移，國民黨馬上可以接手上路，不會再喊口號、開無數的會議，因爲這不是改革，而是拚選舉。國民黨要拚的是政策、拚人才、拚時效。不會像民進黨「新手上路、請多包涵」，搞了三年還搞成這樣。

不過，連戰的表達技巧已有很大的進步了。他會先自我消遣，再批對手；並強調國民黨是以長久的治國經驗提具體建議，是出於善意的。連戰不但放下身段，而且展現幽默風趣的領袖特質。這一點，也是眞正政黨領導人的特質，足以改變整個政黨的體質和風格。

在連戰的想法裡，國民黨在檢討過去的時候，也要很嚴肅、很認眞地把當前台灣面臨的一些問題彙整起來，提出解決之道，例如在他說這些話的同時段中，就有四十六個重要的改革法案急迫需要完成的，爲什麼不儘快解決呢？拚命開會、編口號又有什麼意義呢？「時不我與」，台灣不能再沉淪下去，這是大家的台灣、大家熱愛的台灣，每一個人、每一個政黨都有責任扛起來。作爲一個具有前瞻觀點的政治人物，這是他內在的渴望。

吉人辭寡，燥人辭多

晉代大書法家王羲之的三個兒子徽之（子猷）、操之（子重）和獻之（子敬），同去拜望當國大老謝安，據《世說新語》記載：「子猷、子重多說俗事，子敬寒溫而已。既出，坐客問謝公：『向三賢孰愈？』謝公曰：『小者最勝。』客曰：『何以知之？』謝公曰：『吉人之辭寡，躁人之辭多，推此知之。』」

這個故事是說，吉人之辭寡，躁人之辭多。

有一陣子，呂秀蓮副總統的舌禍不斷，使人想起當年有人提倡副總統應是「沒有聲音的人」，當時大家把它作爲笑談，現在想想，很多人覺得還眞有點道理。國家政局紛亂，經濟衰頹，民不安生，有人就說：希望呂副總統及政界有地位人士，都能定下心來，多爲百姓做點事，少說話，至少不要說「火上加油」之類的話。那些話不僅會使說話的人「倒楣」，國家和百姓也會跟著「倒楣」。然而，反觀前幾任副總統，包括嚴家淦、李登輝、李元簇、連戰，好像都沒出過什麼事，也沒有因舌禍惹上官司。

至於連戰，他更是極有分寸的人，在他擔任副總統時，不該講時很少多講話。在重要關頭，他甚至會強調：現在不是講很多話的時候。

有一年，他擔任行政院長，碰上賀伯颱風的大災害。他在行政院會聽取台灣省長宋楚瑜報告賀伯颱風災害防救的報告後，就說：現在不是講很多話的時候，而是要依李總統指示捲起袖子，一起重修家園。他並強調，有關防洪工作的檢討及疏失責任的追究，應依限完成，並向民眾交代。

那次颱風來襲，連戰認爲仍發生防救工作協調不足及部份機關未能充分掌握災害資訊的情形，他覺得很遺憾。而對於各級政府，特別是各受災地區縣市政府相關人員，包括義警、義消與民眾等，爲搶救災情，不眠不休的精神和充分發揮「人溺己溺」的愛心，連戰也予以嘉勉和肯定。

此外，還有一年，新黨有感於國發會已背離改革的道路，於是憤而宣布退出國家發展會議，並強烈地予以指責。那時身為大會召集人、副總統兼行政院的連戰，對這項發展也沒有表達看法，面對媒體記者一再詢問，只是「笑而不答」。

那一天上午，連戰準時出席八時三十分開始的全體會議議程，聽取代表們對兩岸關係議題的意見。儘管中國國民黨籍大會副召集人蕭萬長和新黨籍大會副召集人李慶華等人，在會場內外忙著交頭接耳，進行

密集協商，絲毫沒有受到影響。

在中場及午間休息時，連戰兩度離開會場，當他面對媒體記者的詢問時，只頻頻點頭「笑而不答」，沒有發表看法。獲悉新黨有可能退出的情況後，大會執行長黃昆輝即隨時向連戰報告狀況，至於大會召開記者會的新聞稿也是經核閱過後才發布的。

吉人之辭寡，躁人之辭多。連戰應該算是前者。

教台語，阮才是正港台灣人

陳水扁總統與國民黨主席連戰，誰才是正統台灣人？

「台灣人出頭天絕對不是只有一個人出頭天，要選出一位有能力、遠見、智慧的台灣人的總統，來帶領有經驗、有執行力的團隊來爲台灣打拚，這才是台灣人眞正出頭天。」這是連戰在一次參選演說中，對台灣人心裡底層「出頭天」的詮釋。當然他是暗指自己才是正統台灣人。他的意思是，如果他當選二〇〇四年總統，台灣才眞正出現第一個台灣人總統。

難道陳水扁不是嗎？連戰當然講這話是有所本的。據國民黨發言人蔡正元的論點是，陳水扁其實是福建詔安人，前總統李登輝也是詔安人，詔安話近似客家話，如果以「漳泉的閩南人」來定義所謂的「台灣人」，則連戰當選，才是第一個台灣人總統。

在二〇〇四年總統大選前夕，國民黨出了奇招，就是積極籌備「連老師教台語」，將選擇廣播、網路，凸出連戰的本省形象，不過，由於受限於財力不足，沒法讓連戰上電視教台語。

「愛注意喔，你欲罵別人契兄，嘛是愛知影契兄按怎寫，契兄那字契，是契約的契，不是人客的客喔」，「你咁知影，你叫你某牽手，牽手這種講法，並不是咱祖先從大陸帶過來的喔」，「這是從原住民的話內底借來用的」。

在廣播電台裡教台語，確實是個好點子。連戰的台語其實是講得很好的。何況祖父還是寫過《台灣通史》的連橫，自然不甘心「正統台灣人」的位置給陳水扁坐去了！國民黨正積極籌備「連老師教台語」，選擇廣播、網路及連戰各下鄉行程的各種場合管道，安排連戰教台語。

如果這一招行得通，連戰上課的講義，他的阿公連橫早就幫他準備好了，連橫在二十世紀初葉就已寫好了一本「語典」，收錄一萬字以上的台語字詞，五十年後才有本土作家楊青矗等編撰《台語辭典》。

連戰不僅有說台語的優勢，他在十多分鐘的參選演說過程中，除了偶爾以右手推推眼鏡的習慣動作外，說話的同時，手部動作多采多姿，當講到「我們」要如何時，連戰會雙手拍胸；說到台灣選出有能力的台灣人總統，「咱台灣人才眞正出頭天」時，他翹起右手大拇指，右手上下擺動，堅毅而有力。整個過程中連戰肢體動作的豐富，顯示他變的活潑生動和更有自信，也顯示他「言語攻防」能力，也進步了。

宣傳較勁，靠的是嘴皮子

二○○四年總統大選近了，藍綠對決的態勢明顯。宣傳較勁，靠的是嘴皮子。

台北市長馬英九、桃園縣長朱立倫、台中市長胡志強一度動作頻頻，爲連宋積極輔選，一句「連宋馬立強」，成爲政壇順口溜，也稱得上是一句文宣的佳作。

「馬立強」一詞，指的是台北市長馬英九、桃園縣長朱立倫、台中市長胡志強。從他們的姓名中各取一字的諧音，形成「馬力強」的吉祥語。

有一天，桃園縣政府在台北市舉行拉拉山水蜜桃的促銷活動，連宋兩人與馬、朱、胡三位縣市長一同在舞台上，手牽手高喊「連宋馬立強」，果然讓現場氣氛高昂無比。可見得一個好的文宣，效果確實是不錯的。

原本地方首長群聚一堂爲果農促銷水蜜桃，是一件好事。不料最後卻引來嫉妒的話題。遭人指責「太狗腿」、「不重倫理」，這可是確有其事的。國民黨中央政策會副執行長黃昭順即嚴詞批判馬英九、朱立倫、胡志強三人行的「馬立強」狗腿、不重倫理，沒有把別人放在眼裡，不尊重黨內前輩。

其實如果是因為三位地方首長賣水果惹禍，那本月十一日，馬英九、朱立倫、胡志強，以及台中縣長黃仲生，在台中火車站合演「馬立強生」（Mary Johnson）秀，促銷台中太陽餅，黃仲生又為什麼沒受到批評？可見得問題不在這兒，只是樹大招風罷了。

但是也有人說，除非戲劇性的變化，否則，藍綠陣營基本上的對策都是要先鞏固版圖，等待對方犯錯，或製造對方犯陷阱，不管是大錯小錯都好。

經濟不振，是阿扁連任的一項漏洞。打出蕭萬長這張牌，的確不一定能救經濟，對藍綠軍消長的趨勢，也沒有像李遠哲在上屆總統大選的威力。可是這張牌，有一個對中間選民心戰喊話的效應，意思是說：你看，連蕭萬長都能被我挖角，這場選戰鹿死誰手，還不知道呢！打「蕭萬長牌」另一個用意是，迫使藍軍在步步為營的壓力下，演出脫軌，平添綠軍坐享分化國親合作的果實。

用這雙管齊下的招數，既能討好選民，又能刺痛對手。的確是一石兩鳥之妙計。不過，思考了幾天的連戰，在國民黨中常會採取罕見的公開記者會形式，直接訴諸民意，要阿扁總統珍惜人才，不要平白糟蹋蕭萬長。他的出招，確是將計就計的妙策。連戰這種慷慨坦率，可讓蕭萬長很難在未來進一步有什麼動作，「借將」既然沒問題，那「倒戈」就成了你阿扁不近人情，蕭萬長背負罵名的責任了。

在「借將蕭萬長」這起角力賽上，連戰演出一場好戲。

扁馬配？可來申請

在宣傳較勁上，大家各顯神通。最具有聯想力的，莫過於「扁馬配」了。很顯然的，這是站在陳水扁欲獲勝的角度去思考的，可見得它來自民進黨基層的呼聲，這當然是不可能的事。即使陳水扁有如此的想像力，從未離開國民黨的馬英九也根本不可能答應的。所以，民進黨這一招，不過是吃吃國民黨的豆腐而已。

連戰怎麼應對呢？對於民進黨把借將的腦筋動到馬英九身上，連戰的詞鋒也是不假以顏色。

他以同情的語氣表示，民進黨一直找不到人是蠻辛苦的事，「若有需要，可以向國民黨提出申請」；但他也指出，民進黨不但花蓮縣長找不到人、副總統也找不到人，「這樣下去恐怕來日無多」。

但針對外傳民進黨在花蓮縣長補選頻頻接觸國民黨的人選，連戰奉勸民進黨「自己要培養人才」；尤其一個執政黨，不要一天到晚就想挖別人牆角，終非長久之計。

對國民黨副主席蕭萬長擔任陳水扁總統經濟顧問小組召集人，連戰藉中常會首次公開表示意見，連戰指出蕭萬長是中華經濟研究院董事長，與陳水扁溝通管道應很暢通，陳水扁爲何要搭建一個場景，十分不妥適，可說「陳水扁之心，盡人皆知」，這樣泛政治化，有必要嗎？

但他仍表示，相信蕭萬長不是以傷害黨爲出發點，是勇敢承擔責任，他同時呼籲陳水扁對蕭的建言要「虛心受教」、「誠意落實」，講白一點，就是要「好好聽話」。

國民黨中常會例行的輿情報告，蕭萬長出任扁經濟顧問，成爲焦點，而連戰有意藉此爲蕭的舉動背書，定位蕭此舉是爲國家經濟，但仍批判陳水扁此舉似意在拚政治而非拚經濟。

連戰認爲三年來扁政府上台經濟惡化情況，大家都很憂心，國民黨對此基本立場很明確，就是如果國家經濟繼續沈淪下滑，本於同舟一命，無人可以倖免，到時候都是爛攤一堆，難撐大局。於是他列舉包括當初向陳水扁提出萬言書、參加經發會，並曾請蕭任經濟情勢小組召集人，後來又由智庫提出建言，派人送給陳水扁，得到的卻是一封信，寫著「收到了，謝謝」。

在連戰的想法裡，扁政府這樣的態度令人非常痛心，因爲三年來國民黨都扮演忠誠的反對黨，對得起國家、人民，毫無保留，執政黨要的資源、糧草，那一樣沒給，國民黨一方面雖爲人民看緊荷包，但是另一方面也不能讓政府變得礙手礙腳，因爲這是同舟共濟的事了。

蕭萬長雖出任陳水扁總統經濟顧問，但仍出席國民黨中常會，並起身表明心跡，指出他是不忍再看到台灣經濟下滑、沈淪，甚至崩敗，如仍袖手旁觀，他於心不忍，爲台灣奉獻所長，他義無反顧。

蕭萬長對於國民黨主席連戰仍予力挺，並對連戰的大度大量，他表示崇高敬意。

選舉區成了警察國？

有一則政治笑話說：

某俄國人三更半夜被敲門聲吵醒。

他叫：「誰？」

對方答：「郵差。」

於是他把門打開。

一看，原來是三位拿証件給他看的秘密警察。

他問：「我犯了什麼錯嗎？」

「你是否申請前往以色列？」

「是。」

「你愛過完整的共產教育嗎？」

「是的。」

「吃得飽嗎？」

「飽。」

「穿得暖嗎？」

「暖。」

「那麼，你爲什麼還要離開俄國？」

「因爲……因爲我不想生活在一個半夜三更有郵差送信的地方！」

這個笑話暗示秘密警察的恐怖。

二〇〇三年花蓮縣長的補選一役，在國親兩黨全力動員爲謝深山助選時，一致把砲口對準扁政權，凸顯縣長補選對總統大選別具意義。那時連戰也大批阿扁，發揮了口舌的力量。他採取的策略，也是利用一般人厭惡秘密警察或警察太多、監視太嚴密的心理，大大地攻擊了對方一頓。

連戰指出扁政府讓警察廿四小時站崗，把花蓮搞成像警察國一樣，成爲國際笑柄；這給了台北市長馬英九的靈感，也配合連戰痛批台灣解嚴十六年，但花蓮卻因縣長補選而重新戒嚴。

造勢晚會上，連戰指國際媒體因縣長補選注目花蓮，但扁政府把花蓮搞成警察國家，警察廿四小時站崗，已成國際笑柄，連戰說扁政府把花蓮人當賊。連戰還批國親在玉里造勢晚會成功，晚會由玉里鎮長主持，玉里鎮長竟然就遭到起訴、花蓮玉里醫院張堯舜也被逼得要辭職。玉長公路早就開工，但扁政府任內毫無進展，竟然選舉到了又重新開工一次，根本沒道理。從花蓮迎接「後扁時期重建」時代來臨，並指歷史可能會將近三年亂象定位爲「陳水扁之亂」。

連戰這些言語的攻擊著力點，已用得很精準了。

形象管理

13

基本上，我是個具有豪情的血性個性，喜愛正直、爽朗、率真的朋友，厭惡小丑型的虛偽之徒，所以凡是我樂於親近、欣賞尊重的人物，定是具有這般君子特質的。之所以我與方瑀二十餘年夫妻，情感歷久而彌堅，正因她全然符合我的觀人尺度，她所具有二十年如一日的善良純真本質，深為我所敬愛，她在我母親年邁多病以後承擔的家計大任，充分贏得我的信心與依賴，我們心靈的親近契合，兼具著愛情與親情，更蘊含著深刻的恩情和友誼。

——連戰「圓圈裡的頑童」

連戰與「打老婆」

長期以來，連戰飽受「打老婆」等流言的影響，在尊重女性一事上，形象一直被抹黑著。不過，以他的學者個性似乎並不在意。倒是他的丈母娘、妻子連方瑀本人，以及部屬不斷爲他叫屈。

據連戰丈母娘汪積賢的說法，女婿是個體貼的先生，每次回家總會先找太太，夫妻感情相當融洽，根本不可能有家庭暴力事件發生。她認爲連戰是個好先生、好父親，脾氣溫良，對家裡四個小孩都很照顧，每次回到家總會先找太太聊聊，家庭幸福美滿。

連戰夫人連方瑀對於傳言「連戰打老婆」的問題，承認被困擾了好幾十年，也不知道是怎麼傳出來的。她特別強調，年輕的夫妻哪有不吵架的？就連舌頭和牙齒不小心都會咬在一塊；何況，連戰總是唸了這麼多年的書，心腸極好，連貓狗都捨不得打，怎麼會打她？難道她連貓狗都不如嗎？

至於她和連戰吵架，是如何和解的？連方瑀暗示自己也蠻強勢地說：「我先生如果不開口，我是不講話的。」所以，她的看法是：「我也不知道怎麼解開這個結，不過再提此事的人是存心不良、想要挑撥離間，好像我們（指她與連戰）不打架，他們就很難過似的。」

「連戰打老婆」的流言，固然是八卦雜誌感興趣的話題，但在選舉期間卻也是政敵喜歡運用的標題之一。

根據著名ELLE國際婦女雜誌對全球五大洲、三十個國家女性作調查，發現台灣女性高達百分之八十九認為，並未被賦予足夠的政治責任；她們清楚明白地表明了：期待在政治方面能獲得更多的表現機會！同時全球女性幾乎同聲表達，只要女性敢在政治上有機會負起更多責任，現況只會變得更好。

女性一向是各種選舉中候選人的「兵家必爭之地」，總統大選相信更是如此！所以，在西元二千年的選舉時，就有婦女團體當面向連戰建議「男生女生配」。那時連戰

特別強調：在行政院長任內，他曾前後任用過八位女性首長，這就表示他很重視女性。

有一次，連戰在宴請國民黨黨代表時，有女性黨代表要求他重視婦女參政機會，過去如監察委員等民意代表，還是相當不夠，他立即的反應是：「哦，還不夠嗎？」

最慘的是，連戰在一份針對婦女的總統大選民調，被評爲參選人當中最不尊重女性、最不愛太太及家庭。這對連戰不尊重女性的形象，有更深的抹黑作用。

這份民調結果，明顯受到連戰打老婆等流言的影響。陳學聖立委就替他背書說，其實連戰很疼連方瑀的，雖然每天跑選舉，兩人經常通電話。當連方瑀扭傷腳還到處輔選，連戰就要她「身體最重要，選票只是其次」。

當時的體委會主委趙麗雲也說，連戰是歷任閣揆拔擢最多女性者，如趙麗雲、林澄枝、葉金鳳、鄭淑敏、中學庸等，甚至在他的選舉期間的發言人陣營，也有多位女性。趙麗雲分析認爲，連戰只不過因爲個性害羞內向，不太好意思主動靠近女性，才被外界誤解。

比較有說服力的流言來源，應是李建軍所寫的「我的台灣路和連戰的總統運」一書。這位命理家用「有憑有據」的方式，公開朱婉清私底下告訴他的話來影射確有其事。不管朱婉清是否眞的講了那些話（雙方已打官司了），至少這必然使得朱家與連家關係不再毫無嫌隙了。

連戰對這個流言是持平常心看待的，正如他說的，連方瑀「具有二十年如一日的善良純眞本質，深爲我所敬愛」，這樣的老婆，連戰哪裡出得了手呢！

家庭暴力，重罪用重典

跨世紀的總統大選，連戰曾宣示當選總統後的重大婦女及治安政策，那時他主張對重罪累犯要用「重典」，加重刑罰及保安處分，性犯罪累犯進行強制診療，考慮採取隔離社會的「三振出局法」，並提高假釋門檻，「研究假釋必須以先行賠償被害人爲必要條件」。

連戰強調，我們要讓每一個人都知道，「家庭暴力不是家務事，它根本就是一種犯罪行爲。」

連戰提出四項主張，包括一、推動西元二千年是台灣婦女安全年，將反家庭暴力、反性暴力及反人身傷害形成全民運動；二、中央補助各縣市家庭暴力防治中心充足經費，使每人知道家庭暴力不是家務事，而是犯罪行爲；三、治重罪累犯用重典，性犯罪累犯進行強制診療，並考慮採取「三振出局法」；四、嚴格假釋審查標準，提高假釋門檻，杜絕假釋不公與浮濫可能，並研究罪犯假釋必須以先行賠償被害人爲必要條件。

最後他將促成兩性工作平等法早日完成立法程序，使得婦女人格權、工作權及人身安全得到保障，並制定完整反性騷擾政策及法制。

二〇〇三年的總統大選前夕，連戰提出競選主張，在婦女節前夕，他表示，國民黨主政時期就成立的行政院婦女權益促進會，工作如今已告一段落，他主張婦權會改爲行政院正式機構、永遠機構，成爲婦女委員會，永遠照顧婦女權益。

連宋打出夫人牌，美式風格

二〇〇二年年底，馬英九尋求市長連任時，不僅他一向行事低調的太太周美青在選戰中首次出馬，出來掃街拜票，馬英九的競選對手李應元的太太黃月桂也同樣投入選戰，四出拜票。可以說：馬李對決，齊打「夫人牌」。

大約在同一個期間，德國也有一項大選，選情緊綳，選情專家評估，這場選舉將是廿年來最刺激、最難以預測的大選。現任總理施洛德連任之路備受威脅，結果競選小組也緊急打起「夫人」牌。施洛德的競選小組印製了十幾萬件T恤，在街頭分贈，T恤上寫著「我選桃麗絲他先生的黨！」施洛德知道，女性選民多爲游離票，且德國女性選票比男性多出兩百六十萬張，如果選民認爲他和史托伊伯的實力不相上下，至少他妻子桃麗絲贏得游離票。

由此看來，重要選戰，夫人牌的威力不可小看。非常值得運用。特別是美式競選風格中，候選人通常會將另一半在黨內提名宣布競選及相關競選行程中，邀同一起公開亮相，以塑造恩愛與親民形象，夫人牌往往是競選的重要一環。

當國親兩黨通過兩黨主席「連正宋副」搭檔參選明年總統大選之後，兩黨於是仿照美式競選風格，在會後公開宣布搭檔時，連戰夫人連方瑀與宋楚瑜夫人陳萬水都曾一起出席，營造健康清新的競選形象。

連戰當年與夫人談戀愛的時光，大半都是在美國。方瑀為了離連戰就讀的芝加哥近些，從普度大學轉學到伊利諾理工學院，並申請到助教獎學金。為了這筆獎學金，方瑀經常要在白雪靄靄的冬天，步行過校園到密西根湖裝桶水回來讓教授分析密西根湖水裡的酵母，每到提水時間，連戰就會開著老爺車，載著方瑀到密西根湖畔，然後連戰親自冒著風雪踩著滑冰去提水，方瑀則坐在暖氣充足的車子裡等著。兩人非常恩愛。

為了省錢，有時兩人的週末就只是坐在石階上數星星，或牽手漫步密西根湖畔。連戰最喜歡唱的就是抗戰歌曲了，星光與月色相伴，兩個小戀人就這樣唱著歌攜手走回宿舍，不用花到一毛錢，濃重的情意卻讓兩人一輩子都忘不掉。連戰還曾經以行動表明對方瑀的愛。有一次，他與方瑀一起去歐洲玩，方瑀相中一頂紅色大方的圓帽子，看到價錢太貴，很捨不得買，眼睛卻又直盯著那頂小圓帽，連戰看在眼裡，就跟方瑀說：「沒關係，只要你喜歡，我買給你！」對於當時還未繼承大筆遺產的連戰來說，感情是滿眞的。由此看來，連戰打夫人牌，其實並不為過。

連戰希望李登輝提前交出黨主席？

國民黨在輸掉政權之後，群情憤慨。

許多人在中央黨部鬧著要李登輝下台，後來傳出「連戰要李登輝下台，而且愈快愈好」的說法。

那時，李總統還是總統，雖然輸掉了政權，暫時還是總統。外界傳聞指出：「三一八」（二〇〇〇年三月十八日，陳水扁當選總統）國民黨輸掉政權的第二天，眾多的黨員就在中央黨部集會鬧事，馬英九一方面安撫群眾，一方面也要代表黨員到官邸找李總統。過了二、三天，李總統找連先生到他的官邸去。總統問他：他們叫我辭職，你的看法呢？連戰說越快越好，所以李總統心都涼了。這是部份媒體的說法。

關於這種說法，根據前立法院副院長饒穎奇親自問過連主席：「連先生，你有這樣講嗎？」

連戰堅決否認地說：「我是這樣的人嗎？我是這樣做事的人嗎？」

饒穎奇還問他：「輸掉政權後，你有沒有去看過李總統？」

連戰說：「我怕他煩惱，當天晚上就跟蕭萬長一起去安慰他。我們向總統報告說，輸掉政權的責任，應該由我跟蕭萬長來承擔，總統，你不要掛心，我們願意負一切的責任，請你不要難過。第二天我們也去，我們總共去過好幾次，哪裡沒有去看他！」

當年興票案爆發後，在角逐總統寶座時，連、宋、扁三強鼎立已然成形，但連戰聲勢一直無法有效拉抬，參與連蕭競選決策人士透露，如果連戰的民調一直沒有起色，國民黨內部將會有一番大動作。該人士透露，這個動作有可能是李登輝主席明確宣布將黨主席一職交棒給連戰的時間表。

據了解，連陣營幕僚思考的選情猛藥，在黨產信託之後，就是黨主席交棒的時機，連陣營並未計畫建議李總統立刻將黨主席一職交給連戰，因爲還有黨內票選程序，但連陣營核心幕僚希望建議李總統能明確宣布未來提前交棒的時機。

據參與連蕭選務決策人士說，他們曾當面與連戰做溝通，要求連戰必須提出自己的政見，要有自己的風格，不要老讓外界認爲連戰都在跟著李主席走，沒有獨當一面的能力。沒想到連戰也接受了這項建議，而這也是連戰會提出黨產信託的主因。

不過，連戰的想法是這樣的：若爲了爭取百分之三的反李選票，反而跑掉百分之七的擁李選票，沒有李主席的支持，他就不可能會當選。況且在三位參選人中，就只有連戰有資格打「尊李」策略，不管連戰提出任何主張，「尊李」仍將是連戰的選戰主軸。

連戰陣營傳出希望黨主席李登輝能宣布提前交棒，以拉抬選情，多位接近李總統的人士都認爲，李總統多次提到卸任總統後還有許多事情想做，且提前交棒黨主席對選情的利弊還很難說。

候選人，人品、操守都要好

李登輝的秘書李靜宜寫了一本「近寫李登輝—紅樹林筆記」，其中有提及李登輝對連戰的觀感。書中說，李登輝聽到幕僚批評連戰時，都會不耐煩的叫大家「不要講了」，李登輝說：「畢竟我栽培了他幾年，你們這樣說他，不也等於說我？」

從這一點來看，李登輝對連戰在某一個程度上，是持有很大的肯定態度的。最主要的是，他認爲連戰的人品、操守都沒有問題。

事實上，連戰本人也認爲，選總統要看理念經驗和人品。有一次，他參加台北縣新莊、泰山、林口地方建設座談會，就表示選總統要看候選人的理念、經驗和人品，不能反反覆覆，根據專家寫的稿子照本宣科或「教壞孩子大小」。

連戰在座談會中，面對的是來自三鄉鎮市的首長、民意代表、村里鄰長、社團幹部、成員逾千人參加。連戰那時強調，選總統第一要注意候選人的理念、立場、方向和路線，一定要讓台灣在安定、安全的環境下，繼續進步、起飛。候選人的第二個條件是經驗。當兩岸關係很不正常、外交被封鎖，走出去很困難時，台灣要靠自己打拚，不能像有些候選人請專家寫寫稿子，照本宣科。候選人的第三個條件是人品、操守要受肯定，作爲年輕人學習的榜樣，不能「教壞孩子大小」。

那時，他正準備和蕭萬長搭檔競選總統、副總統。所以他宣稱他們兩個人都是台灣牛，什麼都不怕，認眞打拚，請大家當他的助選員，宣傳他的理念，幫忙拉票。從這裡可以看出，連戰以人品、操守作訴求的理念。

不過，當年由於連戰還不擅長於自我宣傳，所以他的人品、操守並沒特別被拿出來提，哪想到「五百元一個便當」的趣談，老是被人拿來作文章。五百元便當的故事，對連戰的形象是不利的。那是由於一個晚報提到，他有一次到台中視察地方建設，吃的是一個五百元的「便當」，看在一般市井小民的眼裡，眞不是滋味。一般人實在無法想像政府高官們吃這種五百元超高級的便當，是什麼感覺。

或許有人認爲，爲連院長準備個五百元便當並不爲過，總比吃酒席好。但最糟糕的是經媒體一傳開來，便對形象有損了。畢竟當年經國先生，不管在部長、院長乃至總統尊位，所到之處無不與民眾同甘共苦，隨處小店和路邊攤充飢，絲毫無損他的形象，反而獲得更多的擁戴。

政治人物「哭」的權利？

當年，連橫寫《台灣通史》，對「台灣固無史也」的感慨特別深。身為連橫的孫子連戰的女兒，連惠心曾經擔任拍攝《歷史的台灣》紀錄片的製作人，向世人介紹台灣史事源流。在拍攝的過程中，沒什麼經驗的她非常緊張，而她的爸媽——連戰和連方瑀夫婦更緊張，連方瑀每次看都熱淚盈眶，連戰則是不斷提醒她：「多放一點族群融合的涵義，少放一點打打殺殺的鏡頭吧！」

政治人物也是「人」，當然有哭的需要及權利，不過，是不是「作秀」，就得讓公眾去做檢驗。

連戰基本上將政治人物的「哭」，定位在「表演」情境上。他很少哭。同時，他也傾向認為「哭」就代表不夠冷靜理性，沒有決心，可能「全力以赴」為國政的心力也欠缺一些。

這樣的看法，不是沒有道理的，因為我們政治人物的擅長作秀，已幾乎讓老百姓都相信政治人物不可靠，即便是情不自禁的一哭，也難免有一堆陰謀論、動機說之類的說法一湧而上。我們百姓的心已被政治人物攪得一團糟，也失去對政治人物的信任，在這一點上，連戰是有共識的。

如今作官的人落淚頻率還眞不低，與媒體發達、透明，很有關連。不但施明德、呂秀蓮哭過，馬英九、吳敦義也哭過。任何黨派都有政治人物在鏡頭前哭過。大致分類，男人的眼淚有三種：一是生命中眞的遭遇委屈；二是政治性作秀，故意設計的；三是現代生活形態常因人爲而戲劇化，在燈光、花、音樂等氣氛誘導下，政治人物也容易落淚。

連戰認爲，官員落淚象徵民主化及人性化。承受極大壓力時，流淚是很好的紓解方式。男人以前被社會設定是陽剛的，女人則是柔弱的；所以女人才能哭，被人憐。兩性在社會中的角色調整後，有的男人學會政治性的流淚，可是女人還是習慣用非政治的眼光看男人的淚水，她們看不懂其中的權謀，以爲「會哭的男人和我們同一國」而心軟，這其實也是很荒謬的。

勤於求知

14

在念書時間並不算很多，但成績一直不惡的狀況下，或許大家以為我單靠聰明過關，其實除了過眼即能記下這份天賦本能，集中意志的能力應是我最大秘密武器。因為做任何事只要心不在焉，自然事倍功半，而我發憤念起書來，真能「老僧入定」，心無旁騖，專心一意的程度，足以大量消化，充分吸收，百分之百「入庫」，效率驚人。

對於常識的汲取也是我累積實力不二法門，工作中焉知何時需要何種知識做為後盾？所以各種資訊的普遍吸收，有助腦中「資料庫」存檔加強，只要認為有用的，不論方位，天地間皆是學問，包括不屬自己領域的陌生邏輯，皆值得強迫自己吞下去。我喜愛真實有效益的事理，不常看小說詩歌，除了中外知名文學巨著，所有閱讀的光陰幾乎都奉獻給經世致用之學。廣讀中外雜誌、期刊成為沉重日課，一天至少兩小時光陰飽滿地與書報為伴，才能勉強滿足我對知識熱烈的渴求，這項自我充實任務，由二十二歲到五十二歲，已經維持了三十年。

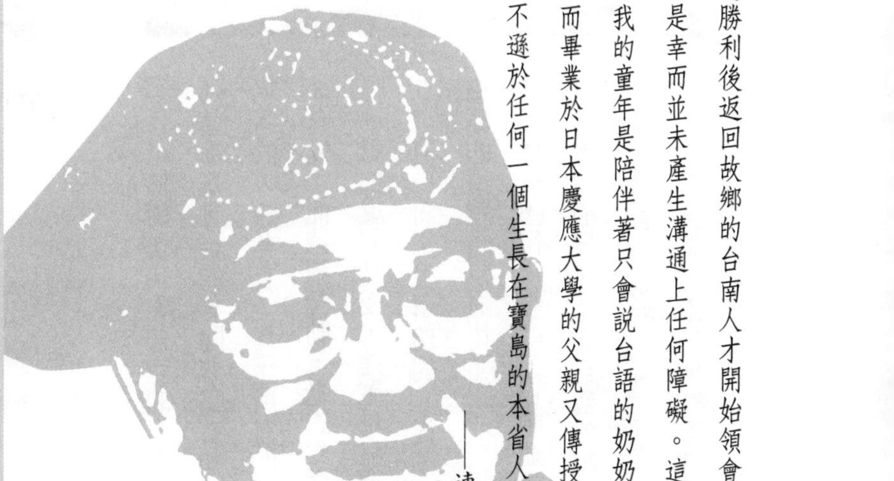

直到升上成功初中，我這勝利後返回故鄉的台南人才開始領會到自己和其他同學是有一點兒不盡相同的特質，但是幸而並未產生溝通上任何障礙。這該感謝自幼祖母由父親這位著稱的孝子奉養在堂，我的童年是陪伴著只會說台語的奶奶成長的，所以雖然瀋陽籍的媽媽賜一口標準國語，而畢業於日本慶應大學的父親又傳授些日語，我的正宗台語，仍足以應付任何場面，並不遜於任何一個生長在寶島的本省人。

——連戰「圓圈裡的頑童」

意志集中勤找資料

紀伯倫在「先知」的工作篇中說道：「所有的熱望都是盲目的，除非具有知識；所有的知識都是無用的，除非有工作；所有的工作都是空虛的，除非有愛；而持續勞動，是對生命的愛！」

對知識的熱愛，連戰是無窮盡的。他一向是很用功的。從某一次他到三立電視台參觀的事就可以看出。

貴為國民黨主席，連戰並沒看過「台灣霹靂火」這個電視節目，是很自然的事。有一天被記者問起知不知道熱門發燒人物「劉文聰」時，還一頭霧水。「劉文聰是誰？他在哪裡上班？」一度還成為笑談。但是，說他不認識，後來有一次到三立電視台參觀時，竟然已經能輕輕鬆鬆背出一句劉文聰經典語錄了：

「我送你一桶汽油、一支番仔火……。」

這句「台灣霹靂火」劇中飾演大反派的劉文聰說的台詞，居然從連戰口中說出來，更令人覺得不可思議。當連戰在三立電視台現場開口說出這句「流行語」時，現場的人卻沒有不寒而慄，反而都笑了。原來連戰在到三立電視台之前，就先做了功課的。

三立電視自從搬到內湖舊宗路大樓後，包括「霹靂火」、「完全娛樂」都在戲劇、娛樂新聞節目中，勇奪冠軍寶座，氣勢銳不可擋，不少黨政財經界要人，都曾不約而同到該電視台參觀電視大樓。而連戰能在前往之前先做功課，事實上也合乎他的人生哲學：多多汲取常識，是累積實力的不二法門。

連戰在一篇回憶的文章中提及他自己的讀書習慣：「………由於生性好玩，所以非得集中精神全力將功課完成以便打球去也，這種『念書時拚命念書、玩樂時盡情玩樂』的觀念與習慣，一直伴隨我到大學畢業，都覺得極具效率，事半功倍。」

簡單的講，連戰的秘訣就在於意志集中，難怪做什麼事都很有效果。

全面聽取基層聲音

國民黨政黨輪替後的這幾年來，臺灣變化很大，尤其是傳統產業面臨最嚴重的衝擊，連戰的感受尤深。他歷經總統大選的失敗，更覺得票源開發的重要。而票源怎麼來呢？當然必須得民心。「傾聽基層聲音」，了解他們的需求，以取得第一手資料來規畫出對症下藥的方法，便成了急切的事務。漸漸的，這也成了他的人生哲學的一部份了。

例如爲關切國內傳統產業的升級發展問題，以行動表達拚經濟的決心，連戰一度應邀到基隆大武崙工業區，參加毅太企業成立二十五週年感恩祈福活動，參觀廠內研發的淋浴門及衛浴設備，隨後並與大武崙廠商協進會代表進行座談，了解地方傳統產業經營現況及遭遇的困難。在這過程中，他就要聽取玻璃業者、鋼鐵業者、眼鏡鏡片業者等等的心聲。又由於有些加工業者，十年前就已開始陸續外移了，甚至高達八成都到大陸投資，這些中小企業廠商對國內政經情勢均感到焦慮不安，希望經濟好轉、生活及治安能安定，這也是大陸台商的心聲，所以，連戰等於全面聽取基層聲音。

在位者傾聽基層聲音，好處除了平時可以取得第一手資料來規劃出對症下藥的方法，以滿足百姓的需要；如果不在位的時候，身為在野黨，也可以知道老百姓的意願，然後站在他們的相同立場，以對抗執政黨，取得優勢。這在選前有絕對的幫助。

舉例來說，二〇〇二年十一月廿三日，連戰當時就是以國民黨主席的身分，帶領祕書長林豐正及全體黨籍立委前往中正紀念堂，向全體參與「一一二三與農共生大遊行」的農漁民致意。他並且說：「政府應該向農漁民道歉、賠不是」，國民黨則永遠和農漁民站在一起，站在同一陣線。他特別強調，不是反對農漁會信用部改革，而是反對消滅農漁會。

為什麼會這樣呢？那是因為連戰已知道農漁民自救會所提十項訴求、三項主張，所以他要來聲援農漁民遊行。他並且認爲政府應向農漁民道歉！

由於知道「接管信用部回歸農漁會」是農漁民大遊行的訴求之一，所以連戰一上台，就批評政府接管農漁會信用部政策錯誤，話鋒一轉，連戰向滿座的農漁會總幹事承諾，未來如果國民黨能夠執政，一定排除萬難，把財政部接管的卅六家信用部歸還給農漁會。

他同時柔性地訴說，台灣農民生活困苦，在加入世界貿易組織ＷＴＯ後，台灣的農業發展更受影響。他看報紙寫柳丁一斤三元沒人要，感到很難過。台灣農業發展和經濟已經壞到這種地步，民進黨的政府到底有做什麼事改善沒有？有，只有一件，就是消滅農漁會！

最後，他呼籲政府放給農漁民一條活路。他並且帶領國民黨籍立委高喊「農民萬歲、漁民萬歲、台灣人民萬歲」。

於是，連戰的致詞受到參與活動農漁民熱烈歡呼。「傾聽基層聲音」，最後就是得到這樣的效果。

到了二〇〇三年，連戰更發出一封「給農漁民的一封公開信」。連戰在信中強調他是永遠和農漁民站在一起的老朋友，並站在所有農漁民的立場，鄭重呼籲政府：「不要藉金融改革之名，消滅農漁會信用部」。

在這封信的一開頭，連戰就這樣寫著：

「敬愛的農漁民朋友：我是連戰，永遠和大家站在一起的老朋友，今天寫這封信，內心有很深的感受，尤其是看到民進黨政府這樣對待農、漁民，更是痛心。

政府爲消滅農漁會信用部，從二〇〇一年八月起，強制接管讓與銀行，一年後，又於二〇〇二年八月二十二日，採取鴨霸的限制措施，並將於二〇〇四年底全面消滅農漁會信用部。

我們全國農漁會對這種倒行逆施和忘本的作爲，經過長期的反應和建議，政府始終未採納，反而指責農漁會信用部是黑金，是毒瘤；甚至放話說，那些反對的人都是既得利益者。從各地遠來台北陳情的鄉親們！請問你們是黑金、是既得利益者嗎？……」

顯然，連戰在傾聽基層聲音之後，已能根據老百姓的需求，對準執政黨的罩門予以強烈的攻擊。這使得國民黨已不再像第一次政黨輪替之前那麼不懂宣傳了。

「用心」是觀察的重點

連戰是個勤於求知而又博學多聞的人，他也喜歡有同樣特質的人。在他擔任行政院長的時候，有一次在公務人員訓練班裡，他親任主考官，從早到晚逐一口試國建班第二期卅位學員。當連戰抵達「考場」後，工作人員喊著：「第一號，內政部司長簡太郎，請！」，第一位考生進場後，馬拉松式的「長考」於是開始。接著，其他應考學員以二、三人爲單位在考場旁的會議室等候著，叫一個，進去一個，連戰好像醫師看門診似的。

據說考試規則和以往國建班差不多，學員一進場，先和連戰合照，再坐下來面談，時間以五分鐘爲限。考生們早在國建班開訓前，就不斷打聽去年考古題。熟知的人說連戰考題題型其實很簡單，「工作如何」，「興趣如何」，「對現有業務有何建言」，題目一定出不了這三大類。結果，根據前幾位考生應試後，宣布今年的新題型——連戰的最愛是「時事題」。

看到內政部司長簡太郎，連戰首先就提起內政部剛剛舉辦的南北戶、役政連線活動，連戰說，這正是行政革新的實踐。他也不忘考考簡太郎對行政革新的看法。至於青少年飆車狂風，引起社會震撼，連戰給教育部司長吳清基的考題是問他對青少年問題的看法，吳清基的答案是：「青少年問題種因於家庭、顯現在學校、惡化到社會」，可能在事前猜到考題，吳清基的好答案顯然「有備而來」。排在後面的考生則說，要趕快去翻翻報紙，「找和自己業務相關的時事題」。

沒錯，連戰就喜歡勤於求知、常識豐富的人，所以考時事題正可以看出考生是否用心。

環保主張

15

我主張成立環境資源部，將環境保護與資源利用整合，發揮總體規劃整合與協調功能，另外國土及環境生態資源的保育，也要一併考量，同時廣植樹木，使全國森林覆蓋率達到百分之六十的目標，讓台灣成為森林大國，維護生態平衡與生物多樣性保育。

對於台灣四面環海，我也認為應珍惜海洋資源，確保海岸及海洋資源的永續經營，未來也將加速推動海洋污染防治法、海岸法等的立法，並積極建立海洋及海岸地區的環境監測體系。

在台灣地狹人稠的情況下，自然環境超限負荷，因此應建立污染總量管制制度，提倡綠色生產與綠色消費，來削減環境負荷量，以結合經濟誘因來維護環境，達到經濟活動與環境承受力平衡的目標。在公共建設方面，是透過資源循環再利用、能源節省、綠美化，來提都市的可居住性，增進舒適度，如廣闢公園、綠地、妥善處理垃圾率四年內達到九成目標，在一百萬人口的都會區，都要建設捷運系統。

——連戰在「新世紀環境願景座談會」演講

永續的環境、美麗的台灣

連戰擔任副總統的時候，曾經在一次出席新世紀環境願景座談會時，提出十點環保主張，建構台灣的好山、好水、好生活的永續環境，主張成立環境資源部、強化環境保護與國土、資源保育，污染總量管制，其他空氣、水資源保護等。希望讓台灣有個好山、好水、好生活的永續環境，讓台灣永續的發展與經營。

連戰主張成立環境資源部，將環境保護與資源充分整合，並廣植樹木，使全國森林覆蓋率達到百分之六十的目標，維護生態平衡與生物多樣性保育；也應珍惜海洋資源，確保海岸及海洋資源的永續經營。

建立污染總量管制制度，來削減環境負荷量；透過資源循環再利用、能源節省、綠美化，來提都市的可居住性，廣闢公園綠地、妥善處理垃圾來維護環境。在連戰眼中，也是刻不容緩的。

連戰很早就主張在一百萬人口的都會區，都要建設捷運系統。他同時也主張加速興建污水下水道系統、維護自來水水源水質安全與防治河川污染確保民眾飲用水安全衛生。調整產業結構提升能源使用效率、落實資源回收措施，克服能源缺乏問題，並研發清淨能源提升競爭力。

至於加強自然文化、古蹟的保存維護、促進文化傳承，關懷全球環境問題，配合國際環保趨勢、善盡地球村責任，並加強宣導環境保護教育，促進全民參與環境保護，結合環境與資源行政體系，提升國家競爭力。凡此種種，可說都是連戰的主張。

興建核四的理由

有一個笑話這樣說：

老師：「一支筷子，一個人很容易就折斷；一大把筷子，卻不容易折斷。這是在說明什麼道理？」

學生：「這指的是核四政策。」

老師：「你確定嗎？」

學生：「沒錯，意思是說：不能硬拗。」

台灣的核四政策，多年來一直是處在風風雨雨之中。

陳水扁當選第十屆總統之後，產生了建不建核四的爭議。那時行政院長是唐飛，連戰是擔任國民黨主席，當然是很關心這個攸關全民福祉的主題了。

由於行政院最後可能不執行核四預算，國民黨就要將提出訂立「續建核四、不建核五，先將核一、核二、核三除役」的法律案，以位階高於行政命令的法律，促使行政院執行核四預算。這個法律案是完整的能源發展條例，不是要逼行政院建核四，而是要爲當時的爭議解套的。後來，連戰也在「扁連會」中當面向陳水扁總統提出建言。

當時立法院進行施政總質詢，核四議題仍爲各黨立委非質詢不可的主題，外傳唐飛曾在接任行政院長前，向連戰承諾續建核四，唐飛卻用力地否認。

說起台灣的能源政策，可說在每一個階段都不一樣，總是從廉價能源開始，慢慢走向供應穩定、重視環保、開放能源、研究能源科技，一直進步到全面宣導的地步。多少年來，台灣在能源政策上已經有非常具體的計畫，來穩定環境及發展經濟。根據連戰的看法，我們必須興建核四有以下幾項原因：

第一、我們能源的來源必須多元化，目前臺灣百分之九十五的能源供應須依靠國外，水力發電已到極限，只能供給百分之五的能源，其餘皆靠國外進口。如果這些能源進口國家發生問題，臺灣的能源供應就會受到影響。

第二、核能是最清潔的能源，不會產生污染，也不會排放二氧化碳。我們經濟不斷發展，對電源的依賴不斷擴大，以一九九五年爲例，臺灣地區進口一千三百萬公噸的煤，一百萬公噸的天然氣，七百萬公秉的石油。有幾個問題須加以注意：（一）地狹人稠的臺灣如何承受這些有污染性的能源。（二）港口、倉庫的儲存都已到極限，無法容納更多的輸入。臺灣是依靠國際貿易的國家，國際上已制定一個公約，到西元兩千年，任何國家排放二氧化碳的量不能超過一九九〇年的排放量，我們若持續燒煤燒油，將超過該規定量，也將受到國際制裁。（三）由經濟觀點來看，目前臺灣儲備電量只有百分之五，幾年前尚有百分之二十，若有臨時天災而引起停電，百分之五備載電量將不敷使用。經分析爲因應未來十年的發展，尚需要二千萬瓩的電力，其中一半由民間，另一半由政府負責，而核能四廠兩機組所提供的電力，也只能提供二千萬瓩中的百分之十三點七。（四）臺灣地區民眾的生活都已電器化，食衣住行育樂皆離不開電，去年一年冷氣機用電成長百分之二十，占目前用電量百分之三十；我們的日子過得很舒服，但也要考慮一旦能源短缺時怎麼辦的問題。

有關核能安全，連戰是這樣想的：在一九七九年時，世界只有二百部核能電廠，但如今已有四百四十二部機組，成長一倍以上，其中有四十幾部是興建中，另外四十幾部規劃當中。日本目前有五十二個機組，興建中的有三部，和我們競爭激烈的南韓，也有十部機組，六部興建中，在未來競爭當中，我們的核能若無法與其相比，還談什麼競爭力呢？

連戰的論點是：核四電廠是用最新型輕水式的反應，根據聯合國原子能總署的研究報告，前蘇聯軍諾比爾的核電事故，絕不可能發生在此項設計的核能電廠，同時核四的安全性比以前更爲安全，爐心的安全增加十倍，核廢料減少至四分之一，輻射量亦減少至四分之一，而跳機僅三分之一，像這樣的數據，都可以證明核四廠的安全。另一方面，政府原本就訂有「原子能法」，其中初期、終期的安全報告規定非常詳細，各種程序皆須完成後才能完成運作，有什麼好怕的呢？所以連戰認爲這一項重大的公共政策，有人倡議廢核條例是不正確的想法，爲了國家的未來著想，可別誤了大事啊！

環保問題，不容用「儘速」二字敷衍

連戰擔任行政院長時，滿強調效率的。可惜國民黨這個百年老店在轉動它的機器時，總是嫌慢了一點。當時政府同仁喜歡使用「儘速」二字。

在連戰的眼裡，所謂的「儘速」，通常應是指在三、五個月內完成的事；但追究許多方案中的「儘速」，有的計畫甚至長達八年才能完成。因此他認爲，各類方案中要避免使用「儘速」二字，最好以具體的時限取代這種抽象名詞。

在連戰擔任行政院長，對「當前重要環保問題及各部會具體配合措施」執行一年多的時候，行政院經建會有一次針對執行情形向行政院會提出報告，連戰就明顯不滿地表示，這項具體配合措施經各有關部會執行一年以來，前一年的「當前重要問題」，到了這一年居然還是「當前重要問題」，顯示這些問題沒有具體改善！

連戰就任以來發言一向客氣，但那一回對台灣的環保問題卻很嚴厲，讓許多與會者嚇了一跳，可見得他確實非常的重視。

這項具體配合措施本來是由環保署研擬，後來經政務委員夏漢民審查經行政院會通過後實施，經建會負責列管追蹤成效。

在連戰的眼中，同仁應本認眞態度處理問題，解決問題還要力求徹底、妥善，避免一而再、再而三的研究，卻提不出對策，問題就在研究中不痛不癢的持續下去。連戰強調「研究問題，就要解決問題」。

行動力是非常重要的。思想家曾經說過：「實踐是檢驗眞理的唯一標準。」對於追求成功者而言，行動不但可以檢驗眞理，而且是通往成功峰頂的唯一路徑。連戰一向非常強調行動力的。

舉例來說，連戰從聯合國的報告得知，台灣重要河川含沙量居世界之冠，他也親眼看到水患後動物屍體到處可見的情景，這顯示負責的單位不是不知道問題所在，但在處理問題的態度上卻不夠積極。難怪他要不高興了。

淨化心靈

16

「心靈改革」是全面性的工作，行政部門都有關係。如教育部、文建會、新聞局，乃至於其他相關單位，都會從這方面來努力。基本上我們希望能培養國民彼此關懷、尊重、彼此協助，富而有禮。我在省政府服務時提出來，我們要建立一個祥和的社會，而一個和諧的社會就必須講究這些問題，要有基本的倫理道德觀念，什麼是對的、錯的，我們要把握是非心、正義感，一定要予以堅持。

如果一個社會沒有基本的倫理道德、是非觀念，就無法成為一個社會。學社會學的同學應該都知道，這樣的社會就是一個沒有規範的社會，大家惶惶不可終日，不知何去何從，對錯、真假、誠實、捏造都不知道分辨，這樣的社會是很可怕的。所以在政治民主化之後，經濟繁榮、社會多元的大環境中，媒體、教育蓬勃發展，我們需要的就是有一個共同努力的中心方向，使得我們精神、價值、思想、觀念都能配合環境發展，而產生一個真正高水準的國民。

——連戰「與青年對談二十一世紀遠景」

心靈改革，就是人性的發揮

一九九六年十月間，正逢國內連續爆發中台禪寺、宋七力、妙天禪師等多起宗教事件，那時身爲副總統兼行政院長的連戰隨即召開「宗教與社會風氣座談會」，期勉國人在成功創造民主改革的台灣經驗之後，還要以心靈改革爲積極目標，創造第二階段的台灣經驗。

在達賴喇嘛來台時，總統府最重要的工作就是推動心靈改革；總統府並於一九九七年四月底提出「如何推動心靈改革」說帖。連戰認爲談「心靈改革」，事實上就是使每一個人品質得以提升、人性得以發揮。

有一次，連戰有機會和達賴喇嘛談了一個半鐘頭，連戰印象最深刻的就是達賴提到人的基本價值觀念，人是高於物質、異於物質，所以人要有好心腸、關心別人，考慮別人的需要；連戰對於達賴的「人要利己、利他、行善果、有善果」的觀念，非常認同，他在台灣就是打算提倡「利他主義」。

達賴到過很多地方，發現很多國家的教育都偏重物質的追求，以致影響到人民的生活理念，也趨於現實功利。事實上，人類應該重視物質與精神失衡的問題；物質文明的過分追求，將會造成心靈的失落。連戰也是這麼想的。連戰早已注意到年輕一代有失落感，由於台灣的物質高度享受，離婚率、犯罪、吸毒都有升高的現象，作爲一個執政者，他希望導正這種不良的風氣，希望努力幫助年輕人脫離物質主義，做一個心靈、物質都能均衡的人。

連戰也體悟到十九、二十世紀的絕症分別是「肺結核」和「腫瘤」，而到了二十一世紀，在快速競爭的時代裡，人類因而引發內在壓力與心靈的空虛，衍生出「心瘤」

（SVP,Sexually ViolentPredator）的絕症。事實上，「心瘤」並非無藥可醫，只要透過心靈工程建設，就能讓所謂的「患者」遠離這項現代人常有的心理障礙，讓生活態度變得平安、健康及快樂一些。

連戰在擔任省主席時，曾有日本朋友對他說：「三流國民，不能創造一流的國家。」連戰認爲，西方世界說的「什麼材料就會造出什麼樣的東西。一堆爛泥，再怎樣也無法刻出一尊維納斯！」就是這樣的意思。心靈改革的工作，能從價值觀的改變來帶動社會文化，以完善的法令制度來增進效率，才能使國家的發展更有競爭力。所以，既然自己有機會執政，他不會忽略了心靈改革的重要！

關懷社區，與民有約

蘇格拉底說：「最有希望的成功者，並不是才幹出眾的人，而是那些最善於利用機會與時間的人，懂得努力去挖掘開拓的人。」

連戰是一個成功者，他的成功有一部份是因爲他善於利用機會與時間、懂得努力去挖掘開拓人際關係。最明顯的例子就是，他一度頻頻與各階層民眾有約，原因是他關懷社區。

他曾經在南投縣埔里鎮以健康社區化爲題舉行了「與民有約」。連戰這套「與民有約」的安排，還特別強調「體制外」。行政系統與黨務系統也陸續爲連戰安排相關的行程，而且以連戰過去的資歷，對行政系統與黨務系統所面臨的問題等都較爲了解，也有較多的管道可以聽到這方面的意見。但體制外的團體，過去常常是國民黨的「死角」，因此，連戰要改革這項缺失。

連戰參觀埔里基督教醫院，並聽取「健康社區化」及「福利社區化」的成果簡報，也以此爲題，舉行了「與民有約」。

這是連戰持續關懷社區系列行程之一。除此之外，連戰參觀過治安社區化的高雄松金社區、文化社區化的雲林大社區、網路社區化的台北市民輝社區.，還去過其他各地許多具有特色的社區。連戰的幕僚人員已篩選出三百多個社區，未來將儘量以鄉鎮爲單位，希望爲台灣的社區發展盡一份心力。

不過，連戰的「與民有約」並不是以社區爲單位的，而是與不同階層的各方民眾「約會」。

比較特別的是，這類「與民有約」行程，事先都是安排好主題的。例如以健康社區化爲主題的約會，連戰希望能了解在協助偏遠地區民眾享有適當的醫療資源時所遭遇的困難，也提出協助原住民少女經由訓練取得護理資格，以解決原住民少女就業問題。

不但如此，連戰還曾與計程車司機等民眾座談。連戰這些活動主要是希望聽取各方聲音，因此連戰主要是提出問題，希望將這些民眾的意見帶回去後，能成爲他二十一世紀國家建設主軸的資料。事實上，勤於求知的連戰也想利用這種行程來蒐集書上得不到的寶貴經驗。

淨化人心、祥和社會

以「淨化人心，祥和社會」爲主題的各種活動，對連戰來說，是最有感覺的。

連戰曾於省政府服務時，提出祥和社會的方案，希望大家共同來重視推動。而這的確是面對二十一世紀、讓國家邁向民主現代化的一套活動。

生活在這塊土地上的老百姓，大都走過數十年的歲月，對國家發展都有深刻的了解。連戰認爲，我們在經濟上的輝煌成就，外國人稱爲奇蹟；而首屆總統、副總統直接選舉的圓滿完成，更獲得國際社會高度的評

價。可惜由於社會結構的急遽變遷，勤勞、仁愛、誠信等傳統美德，已不再是規範人心的標準，多數國人熱衷追逐名利而忽略了生命的眞諦，使得社會上一再發生是非不清、善惡不明、違法亂紀的事件。倘若人生的價値取向和社會價值觀，一旦建立在物慾的無限追求，那麼萬事萬物便不再美麗了。

所以，連戰認爲在政治、經濟建設基礎穩固之後，特別需要以心靈改革做起點，導正亂源，健全社會架構，體現社會正義，重建社會倫理，而宗教與教育是落實心靈改革的兩個主軸，從教化的途徑，來啓發人性重返善良的一面。只有這樣，以後我們才拿得出所謂的「第二階段的台灣經驗」！在連戰

多年來的經驗裡，宗教與教育的目的在效法古聖先賢「憂以天下、謙沖淡泊」的胸懷，培養關懷他人的社會責任感。當人的內在越豐富，物質的需求就會越薄弱；人的靈性就會越提升，對萬事萬物的愛心也就越會滋長；人不斷反省思過，越不會以轉嫁他人來規避自己的責任。

當連戰有機會在南北各地出席若干淨化人心的活動時，內心都能感受很多，尤其弘揚中華文化，從博大精深的儒家思想著眼，啓迪良知良能，彰顯至善本性，從修齊治平工夫著手，不斷除舊佈新、改革風氣。在「說」與「做」之間，連戰都是很配合的。

曾經有人把連戰比喻作道道地地的「台灣牛」，意思是說：只會做、不會吹牛，不像別人才有五分，卻吹成七分，一點也不實在。事實上，我們可以肯定連戰是有愛心的，因爲光從競選經費中提出兩億元，來援助大地震災民這一點來看，就不是一般人所能及的了。

政府應多與宗教界合作

二〇〇四年，是國民黨主席連戰想要反敗爲勝，重新執政的契機。這一回，他的決心滿滿。凡事都從樂觀著眼。然而，這也是一個領袖的風範。

有一天下午，他與夫人連方瑀一起到國家劇院，欣賞明華園二〇〇三年新戲「劍神呂洞賓」，連戰引劇中劇情，劍神呂洞賓雖然失去青龍劍，仍能靠內在的勇氣克服困難，來比喻自己雖沒有執政權力及資源，但他的精神及意志力量大，足以迎接挑戰。

「劍神呂洞賓」故事情節描述唐代末年蕃鎮割據，滄州節度使田虎逼迫朝廷將公主下嫁，朝廷決派劍術高超的長安劍士呂洞賓護送公主，藉機刺殺田虎，不料中途卻出現神仙漢鐘離要渡化呂洞賓成仙、呂的隨身寶劍青龍劍遺失等情節，考驗呂洞賓要如何斬權臣救公主。

連戰小時就對呂洞賓的故事不陌生，呂洞賓是民間信仰中「最人格化」的神仙，他的青龍寶劍削鐵如泥很有名，劇情中呂的劍不見，卻遇到困難挑戰，所以有一句話叫

「勇氣方是眞正青龍」，雖然沒有寶劍，但用內在渾然的氣魄，勇敢來面對外在有形的局勢克服困難，這就是他在劇中得到的啓示。

雖然連戰沒有將現實生活與戲劇做仔細類比，但他也說「我們雖沒有那把寶劍，但用我們的意志、精神，還是可以克服很多艱難與挑戰，有寶劍的不一定有眞正的力量，何況呂洞賓認爲亂世是修行的好時間，說得一點都不錯。

在連戰的理念裡，政府應該全力維護憲法所保障的宗教信仰自由平等；同時也相信，透過宗教教義的信仰與實踐，可以淨化人心，建立區分是非、善惡與正邪的正確價值觀念。所以，政府要繼續鼓勵宗教團體善用社會資源，推動各種包括社會、教育、福利種種公益事業。此外，他認爲政府要持續不斷加強與宗教界合作，藉由宗教教化功能，改善民俗及端正社會風氣、消除怪力亂神的現象，來促進社會的祥和。同時，政府對於一切假借宗教之名的不法行爲，絕對要查辦！

照連戰的說法，臺灣宗教發展蓬勃快速，目前有一萬一千個宗教團體，三萬二千位神職人員，顯示宗教在中華民國臺灣的發展蓬勃。早期醫療方面大多是由天主教、基督教所興辦，而近年來，像花蓮慈濟功德會，朝天宮、奉天宮、天后宮等媽祖廟，代天府等寺廟，乃至臺中市的財團法人眞耶穌教會臺灣總會，以及在彰化的基督教醫院等等，都是實際例子。

政黨輪替後，扁政府以國家安全理由緊縮宗教直航政策，連戰就公開表示對信眾的同情。他曾經強調：宗教直航無可厚非，因爲新政府一再宣示三通是該年度優先施政項目，不能怪民眾對兩岸關係期望一天比一天高。對於民間有意藉宗教直航壓迫三通；連戰說「沒有的事」，並反問「光天化日之下進香，有什麼問題」？

在連戰的想法裡，不論大三通、小三通，兩岸都應儘快協商，這並非台灣片面可以做到的，至於協商有無進度，政府應開誠布公讓外界知道，而不是一味只講政策。大甲媽祖回鑾是多少信眾期盼的事，過去國民黨執政時也曾同意以專案方式彎靠第三地，根據這樣的政策，只要與政府政策並不違背，都應該成全的。

連戰與宗教界素來是頗爲友善的。

廣　告　回　信
臺灣北區郵政管理局登記證
北台字第8719號
免　貼　郵　票

106-□□
台北市新生南路3段88號5樓之6

生智文化事業股份有限公司　　收

□□□-□□
地址：　　市縣　　鄉鎮市區　　路街　段　巷　弄　號　樓
姓名：

PUBLICATION
生智

書號 D3201　　書名 連戰—當我們站在一起

PUBLICATION

生智 生智出版股份有限公司

讀·者·回·函

感謝您購買本公司出版的書籍。
爲了更接近讀者的想法，出版您想閱讀的書籍，在此需要勞駕您詳細爲我們填寫回函，您的一份心力，將使我們更加努力！！

1. 姓名：________________
2. E-mail：________________
3. 性別：□ 男 □ 女
4. 生日：西元______年______月______日
5. 教育程度：□ 高中及以下 □ 專科及大學 □ 研究所及以上
6. 職業別：□ 學生 □ 服務業 □ 軍警公教 □ 資訊及傳播業 □ 金融業 □ 製造業 □ 家庭主婦 □ 其他______
7. 購書方式：□ 書店 □ 量販店 □ 網路 □ 郵購 □書展 □ 其他______
8. 購買原因：□ 對書籍感興趣 □ 生活或工作需要 □ 其他______
9. 如何得知此出版訊息：□ 媒體______ □ 書訊 □ 逛書店 □ 其他______
10. 書籍編排：□ 專業水準 □ 賞心悅目 □ 設計普通 □ 有待加強
11. 書籍封面：□ 非常出色 □ 平凡普通 □ 毫不起眼
12. 您的意見：____

____
13. 您希望本公司出版何種書籍：________________________

☆填寫完畢後，可直接寄回（免貼郵票）。
我們將不定期寄發新書資訊，並優先通知您
其他優惠活動，再次感謝您！！